Karin Ahmad-Moering

Entkommen aus dem Teufelskreis der Buchstaben

tredition®

Impressum:

© 2019 Karin Ahmad-Moering

Lektorat: Katharina Platz, www.textgenau.com
Satz u. Covergestaltung: Angelika Fleckenstein, Spotsrock
Fotos u. Layout Umschlag: Tim-Thilo Fellmer, Fotografie u. Film

978-3-7482-5013-5 (Paperback)
978-3-7482-5014-2 (Hardcover)
978-3-7482-5015-9 (e-Book)

Verlag und Druck:
tredition GmbH
Halenreie 40–44
22359 Hamburg

Das Werk, einschließlich seiner Teile, ist urheberrechtlich geschützt. Jede Verwertung ist ohne Zustimmung des Verlages und des Autors unzulässig. Dies gilt insbesondere für die elektronische oder sonstige Vervielfältigung, Übersetzung, Verbreitung und öffentliche Zugänglichmachung.
Bibliografische Information der Deutschen Nationalbibliothek: Die Deutsche Nationalbibliothek verzeichnet diese Publikation in der Deutschen Nationalbibliografie; detaillierte bibliografische Daten sind im Internet über http://dnb.d-nb.de abrufbar.

Karin Ahmad-Moering

Entkommen aus dem Teufelskreis der Buchstaben

Einleitung

Mir ist etwas gelungen, was die Sonderschule in all den Schuljahren nicht fertigbrachte: Ich habe mir selbst das Lesen und Schreiben beigebracht – und bin Autorin geworden. Mein erstes Buch „Im Labyrinth der Buchstaben" ist im August 2015 im underDog Verlag erschienen.

Das vorliegende Buch „Entkommen aus dem Teufelskreis der Buchstaben" habe ich geschrieben, weil ich all jenen Mut machen will, die sich als Erwachsene auf den Weg gemacht haben, das Lesen und Schreiben zu lernen, oder die erst noch losgehen wollen. Ich möchte es Eltern, Lehrern, Begleitern und Weggefährten mit auf den Weg geben und ihnen sagen: „Gute Worte wirken." Ich bin der Meinung, dass solche Worte nicht oft genug in die Welt geschickt werden können. Sie machen Mut, geben Zuversicht und wirken ein Leben lang nach. Mich haben zufällig gehörte Worte aus dem Teufelskreis entkommen lassen. Sie waren für mich wie Medizin.

Das Buch besteht aus zwei Teilen. Der erste Teil ist eine biografische Erzählung. Der zweite Teil besteht aus kurzen Textpassagen mit Denkanstößen, Gedichten und Erfahrungen. Sie regen zum Nachdenken an, machen Mut und können eventuell aufzeigen, dass viele von uns ähnlich empfinden. Wenn der eine oder andere lange Textpassagen nicht mag oder bei längeren Texten durcheinander kommt, sind diese wenigen Worte genauso aussagekräftig. Wie im Inhaltsverzeichnis zu sehen ist, tragen die Kapitel im ersten und zweiten Teil dieselben Überschriften und gehören somit inhaltlich zusammen. Aus eigener Erfahrung weiß ich, dass lange Texte oft verunsichern. Früher hatte ich eine große Abneigung dagegen. Doch mein Verlangen, aus Büchern zu lernen, war groß. Ich wagte mich an ein Buch, das mir zufällig in die Hände kam, und bearbeitete es. Den Text dröselte ich systematisch auf und teilte ihn in kleine Abschnitte ein. Anschließend schrieb ich den Text ab, um ihn besser verstehen zu können. So brachte ich mir das Lesen und Schreiben bei.

Auch wenn wir uns nicht kennen, kenne ich einige Eurer Sorgen und die beklemmenden Gefühle, die dazugehören. Wir sind alle unterwegs und darum spreche ich Euch mit „Du" an. Wenn wir uns eines Tages begegnen, wäre es schön, wenn Du mich auch duzt. Und eins solltest Du schon jetzt wissen: Es dauerte lange, bis meine Gier nach Wissen aus dem See der toten Träume sprang.

Um mich zu retten, musste ich meinen eingefahrenen Weg verlassen und neue Wege gehen. Ich schleppte den Mangel an Bildung lange hinter mir her und ich weiß, dass ich eine von vielen bin, die nicht genug Bildung erhielten. In Deutschland gibt es allein schon 7,5 Millionen Menschen, die funktionale Analphabeten sind. Für Lernschwierigkeiten kann es zahlreiche Gründe geben: Manchmal spielen familiäre Umstände eine Rolle, oder man fühlt sich in der schulischen Klassengemeinschaft nicht wohl. Vielleicht hat sich das vertraute Umfeld verändert, oder Krankheit oder Stress verdrängen die Freude am Lernen. Auch können die Eltern überfordert sein, wenn bei ihrem Kind Lernschwierigkeiten oder eine Lese-Rechtschreib-Schwäche auftauchen.

Bei mir war es so, dass ich meinem alten Leben nachtrauerte. Ich hatte einen Teil meiner Wurzeln zurückgelassen. Heute bin ich überzeugt, dass meine Schulzeit anders verlaufen wäre, wenn sich mein Umfeld damals nicht verändert hätte. Im Juli 1961 kamen meine Eltern, meine drei Brüder und ich als DDR-Flüchtlinge aus Sachsen-Anhalt nach Schneverdingen. Wir nannten dann diesen Ort in der Lüneburger Heide unser Zuhause, obwohl wir uns als Fremde fühlten. Wir hatten dunkle Augen, braun-schwarze Haare und sahen etwas anders aus als die Menschen dort im Ort. Sie glaubten, wir seien Gastarbeiter aus Italien. Darum sprachen sie mit Mutter und Vater in verkürztem Deutsch: „Du einkaufen, Brot, Butter! Du Kinder, ihr Hunger!" Vielleicht meinten sie: Die Kinder haben Hunger, kauft ihnen Brot und Butter. Als Vater auf Hochdeutsch mit Berliner Akzent antwortete, bekamen sie einen seltsamen Gesichtsausdruck und lächelten uns an. Sieben Monate später, im Jahr 1962, durfte ich endlich zur Schule gehen. Meine Erwartungen, etwas zu lernen, waren riesengroß.

Doch die Lehrer standen mir mit freundlicher Gleichgültigkeit gegenüber. Wir waren noch immer die Fremden im Dorf. Meine Lehrer haben meine Situation nicht verstanden. Für sie war es deshalb leichter, mich in die Ecke der Lernbehinderung zu drängen. Von da an ging es abwärts. Man gab mir von Anfang an keine Chance. Ich glaube, dass die Lehrer das verzerrte Bild, das sie von mir hatten, mit meinem Zeugnis an die Sonderschule weitergaben. Dort wurde ich wieder abgestempelt. Das Bild, das sich die Lehrer erneut von mir machten, war ein anderes als das, was ich von mir hatte. Die Worte, die sie zu mir sagten, blieben nicht ohne Wirkung. Sie drangen durch meine Ohren tief in mein Herz und erschufen das Bild eines dummen Kindes in mir. Acht Jahre lang durchschaute ich das nicht. Nach der Schulzeit war mir klar: Ich bin eine Verliererin! War den Lehrern bewusst, dass ihre gewaltigen Bilder jahrzehntelang in mir nachwirken würden? Oder haben sie nur gleichgültig und lustlos ihre Arbeit getan und nicht darüber nachgedacht?

Ja, ich glaube, das war es. Denn wenn die Lustlosigkeit zuschlägt, wirft sie alles über den Haufen und setzt die erlernten Kenntnisse in ein Nebelfeld ab. Überforderung der Lehrer konnte es nicht sein. Die Klasse, in die ich gehen musste, bestand am Anfang nur aus ein paar Schülern in unterschiedlichen Altersstufen. Mit acht Jahren war ich die Jüngste, die anderen in dieser Dorfschulklasse waren neun, zehn oder elf Jahre alt. Später hatte die Klasse etwa fünfzehn Schüler. Die Lehrer konnten mit uns gar nicht überfordert sein. Und trotzdem bin ich im Nebelfeld der Lehrer verschwunden. Sie zogen mich manchmal heraus, beschämten mich und ließen mich wieder fallen. In der Schule ergriff ich Vorsichtsmaßnahmen und zog mich zurück. Dadurch verletzte ich mich selbst und wurde zu einem traurigen, sprachlosen Kind. Ein Kind, das ich überhaupt nicht war. Wer schon mal hingefallen ist, weiß, wie weh das tut. Das Aufstehen aus eigener Kraft ist schwer. Mit einer helfenden Hand wäre es viel leichter. Aber in einer so lustlosen Umgebung waren die Arme der Lehrer verschränkt und ich hatte keine Krücken.

Dann hatte ich Glück im Unglück. Als ich in die erste Klasse ging, musste Mutter zum Elternabend. Nachdem sie wiederkam, erzählte sie meinem Vater, was die Klassenlehrerin gesagt hatte. Da ich ein neugieriges Kind war, setzte ich mich an diesem Abend vor die Wohnzimmertür und lauschte. Mutter berichtete Vater vom Elternabend und sagte: „Karin ist etwas langsam, aber doch normal." Das hatte die Lehrerin, Fräulein Kröger, gesagt.

Diese Worte blieben bei mir haften. Sie begleiten mich durchs

Leben und dringen in mein Bewusstsein, wenn ich sie brauche. Sie geben mir Kraft und bauen mich immer wieder auf, wenn ich ganz unten bin. Dadurch erfahre ich immer wieder von Neuem, wie machtvoll gesprochene Worte sind. Diese Aussage, „Sie ist normal", hat mich gerettet. Gut, dass ich damals vor der Tür hockte und lauschte.

Inhalt

Einleitung — 5

TEIL 1 — 17

1. Das bittere Geheimnis — 19
2. Die Stadt — 22
3. Familienjahre — 27
4. Was ich erlebte — 46
5. Ich bastelte an meiner Zukunft — 49
6. Meilenstein — 51
7. Die Herausforderung — 56
8. Es prägte mich — 63
9. Du Mensch — 67
10. Beharrlichkeit — 70
11. Von Gewinnern lernen — 73
12. Opferdasein — 75
13. Gesucht und gefunden — 78
14. Tunnelblick — 81
15. Den Teufelskreis verlassen — 88
16. Such Dir einen Weg — 91
17. Wissenskrümel — 94

TEIL 2   99

1. Das bittere Geheimnis   **100**
Stille Einsamkeit   100
Verloren   100
Bildungslandschaft   101
Versteinerte   102
Feindliche Eindrücke   104

2. Die Stadt   **105**
Tränenmeer   105
Bewegung   107
Gedankenkarussell   107
Geheimnis   108
Panik   109

3. Familienjahre   **111**
Kind   111
Ganz einfach   112
Ein Stück vom Glück   113
Hoffnungsschimmer   113

4. Was ich erlebte   **114**
Auflösen   114
Der Funke   115
Mutmacher   115
Fang an zu lernen   116
Visionen   117

5. Ich bastelte an meiner Zukunft   **118**
Bist du es wirklich   118
Sicherlich   119
Versuch es!   120
Totentanz   120
Mühsam   121

6. Meilenstein — 122
Abenteuer Leben — 122
Winzige Fortschritte — 123

7. Die Herausforderung — 124
Menschenfeind — 124
Trübsinnige — 124
Gedankenpyramide — 125
So lange — 126

8. Es prägte mich — 127
Ausreden — 127
Ein Weg — 128
Jeder ist — 129
Ja zum Leben — 130
Schatten der Angst — 131

9. Du Mensch — 132
Maskenträger — 132
Es war ein frostiges Spiel, das ich selbst erfand — 133
Die Spirale der Erinnerung sagt — 134
Hoffnung — 134
Du neuer Mensch — 135
Der ungeschlafene Schlaf — 135
Die Zweifel sagten — 137

10. Beharrlichkeit — 138
Wie — 138
Veränderung — 139
Bis ans Ende — 140
Die Aufgabe — 140
Den Hemmschuh ablegen — 141
Möglich — 142
Die Zeit — 143

Gelähmt	143

11. Von Gewinnern lernen — 144
Vergiss nicht	144
Du darfst	144
Gelehrte	145
Grelle Blitze	146
Zeig, was ist	146
Die Frage ist	148

12. Opferdasein — 149
Für alle Zeiten gesprochen	149
Mein Wille	150
Morgen	151
Sein Glückes Schmied sein	152
Spielregel meines Lebens	153
Ohne einen Traum	155
Tonschwingung	157

13. Gesucht und gefunden — 158
Wandel	158
Unbeschwert	158
Aber	159
Auch wenn	159

14. Tunnelblick — 160
Uralt	160
Sackgasse	161
Der böse Zauber	161
Die Schrift	162

15. Den Teufelskreis verlassen — 163
Tropfen der Fröhlichkeit	163
Such Deine Träume!	163

16. Such Dir Deinen Weg — 164
Wenn Gläser und Teller zerspringen — 164
Eingefrorene Worte — 165

17. Wissenskrümel — 166
Worum geht es denn — 166
Die neue Welt — 167
Erinnerungsträger — 168
Die alte Kammer — 169
Zweifel — 170

TEIL 1

1. Das bittere Geheimnis

Die zusammengezogenen Buchstaben waren wie Zauberei.

Ein Blauer Brief trudelte gegen Ende der ersten Klasse bei meinen Eltern ein. Dann kam mein Vater auch noch an einem Freitagnachmittag früher von der Arbeit nach Hause. Kurz darauf erschienen zwei Herren. Sie lächelten mich auf seltsame Weise an. Mutter lud sie aufgeregt in unsere gute Stube ein. Sie machte die Tür schnell hinter sich zu. Als die Tür nach einer gefühlten Ewigkeit wieder aufging, kamen sie heraus. Der Dickere von beiden sagte etwas, was ich lange nicht verstand: „Glauben Sie uns, es ist besser für Ihr Kind." Danach war es totenstill. Ihr Blick war überheblich. Ich hörte, wie sie atmeten. Mit diesen Worten, „Glauben Sie uns, es ist besser für Ihr Kind", konnte ich nichts anfangen. Sie ließen in mir ein merkwürdiges Gefühl zurück. Ob ich mich fragte, was besser für mich ist, weiß ich nicht mehr. Aber ich sah die Blicke von Mutter und Vater und sie verrieten nichts Gutes.

Meine Eltern hatten sich beschwatzen lassen und stimmten zu. Ich musste in die Hilfsschule. Für ein wissbegieriges, fröhliches Kind, wie ich es vor Eintritt in die Schule war, war das der Untergang der schönen Welt. Die Lehrer hatten anscheinend schon vor Ablauf des ersten Schuljahres ihren Lehrauftrag erfüllt und kümmerten sich nicht mehr um mich. Meine Eltern merkten nicht, wie schrecklich die Schule für mich war. Sie waren mit ihren Sorgen, die das Leben so mit sich bringt, beschäftigt. Wie konnte ich ihnen da noch mit meinen Problemen kommen und sagen, dass die zusammengezogenen Buchstaben, die Worte ergeben sollten, unbegreiflich für mich waren? Die Jahre vergingen. Ich rutschte immer tiefer. Als ich ganz unten steckte, entwickelte ich eine Überlebensstrategie und wurde kreativ im Träumen.

Ich schickte meine Gedanken auf Reisen und besuchte alle Orte, die wir im Natur- und Heimatkundeunterricht durchnahmen. Ich schaltete meine Gefühle ab. Die Angriffe der Lehrer trafen mich selten, und wenn, dann waren sie nicht mehr schlimm. Ich hatte mich daran gewöhnt, aber die Schule blieb ein trauriger Ort. In meinem Elternhaus wurde nur wenig Wert auf Bildung gelegt. Mein Vater war stolz, ein Arbeiter zu sein. Er war Schuster von Beruf wie schon sein Vater zuvor. Schlechte Noten waren ohne Bedeutung für ihn, und Mutter spielte das Spiel mit. Sie war Buchhändlerin von Beruf und hatte die Höhere Schule besucht, aber trotz allem kümmerte sie sich nicht um die Bildung ihrer Tochter. Für mich ist das noch heute unbegreiflich. Mit fünfzehn Jahren hatte ich meine Zeit in der deutschen Schulpflichtmaschine abgesessen. Ich kam aus der Schule, und die Handlanger des Schulsystems, die über die Intelligenz der Kinder bestimmten, hatten mir nur wenig vermittelt.

Der Hoffnungsschimmer, dass es woanders besser ist, war so groß wie ein Sandkorn in der Wüste. Weil ich keine Bildung besaß, musste ich in der Schuhfabrik arbeiten und strich Schuhsohlen mit zähflüssigem Kleber ein. Dann schob ich die Schuhe meiner Kollegin Herta zu, damit sie diese weiterbearbeiten konnte. Im Herbst wechselte ich zu einer Keksfabrik. Dort stand ich am Fließband. Ich legte zwei Waffeln und ein Mozart-Stäbchen in kleine Schachteln. Der süßliche Geruch von den Keksen war mir schnell zu viel. Deshalb blieb ich nur ungefähr ein halbes Jahr dort.

Danach nahm ich eine Arbeitsstelle in der Kartonfabrik an und bündelte Kartonagen. Ich legte immer zehn zusammengefaltete Kartons übereinander. Dann schob ich den Stapel unter die Pressvorrichtung und betätigte mit dem Fuß ein Pedal. In der Kleiderfabrik war es schön, aber ich hatte das Gefühl, dass ich gehen musste. Obwohl ich dort das Nähen an der Nähmaschine lernte und die Menschen freundlich waren.

Nordmende und Siemens waren der totale Reinfall. Ich saß von Montag bis Freitag in einer fensterlosen Halle am Tisch und lötete dünne Drähte auf winzige Metallplatten. Dabei fielen mir die Augen immer wieder zu. Ich konnte sie einfach nicht offen halten. Nein! Wo Menschen wie Maschinen arbeiten, da konnte nicht mein Platz sein! Ich blieb nie lange bei einem Arbeitgeber. Nach drei Jahren hatte ich alle Fabriken im Ort und der Umgebung durch. Und ich konnte mir nicht vorstellen, mein Leben lang als Fabrikarbeiterin zu arbeiten.

Ich suchte mir etwas ganz anderes und fing auf der Nordseeinsel Baltrum als Zimmermädchen an. Doch der Befehlston der Chefin war nichts für mich. Ich versuchte mein Glück in einem gutbürgerlichen Speiselokal. Es war wie verhext und wurde immer schlimmer. Zuerst schrubbte ich die Töpfe und Pfannen und hinterher das Klo. Ohne Bildung und ohne Schulabschluss blieb mir das Tor zu einer lebenswerten Welt verschlossen.

2. Die Stadt

*Das bittere Geheimnis
hat mich geknebelt
und in Fesseln
gelegt.*

Stumpfsinnige, traurige Jahre lagen hinter mir. Doch dann meinte das Schicksal es gut mit mir. Eine Nachricht bahnte sich den Weg zu mir: Ich erfuhr, dass Westberliner Firmen Arbeitskräfte suchten. Das war mein Rettungsanker, der mich vor dem Untergang bewahrte, und ich nutzte die Gelegenheit. Ich verließ die kleinkarierte Welt meiner Eltern und die Kleinstadt, in der ich aufgewachsen und zur Schule gegangen bin. Mutter kam mit zum Amt und ich hatte Glück: Das Arbeitsamt regelte alles für mich. Am 4. September 1974 tauschte ich meine deprimierende kleine Welt gegen Leben und Arbeiten in der Großstadt ein.

Ich fütterte meinen Kopf mit jammernden Gedanken und war ständig auf der Suche. Doch ich wusste nicht wonach und fühlte mich überall fremd. Das Gefühl, in einem Leben zu stecken, das nicht meins ist, setzte einen Mechanismus in mir in Bewegung, der mich monatelang mein Inneres durchstöbern ließ. Mit kreischenden Gedanken im Kopf ging ich, wie von einer fixen Idee besessen, durch die überlaufenen, lärmenden Straßen von Berlin. Täglich sagte ich mir, dass ich einen Platz finden muss, wo ich hingehöre.

Eines Tages dachte ich gründlich darüber nach. Dann schob ich die Sache mit der Schrift zu den ungelösten Fällen ab. Ich wollte einfach nur Ruhe vor dem Gefühl haben. Ich wusste, dass ich es nicht ändern kann, und wollte nie mehr daran rühren. Das Ergebnis war, dass ich aus Angst, als Nicht-Leserin erkannt zu werden, die Anonymität der Großstadt wählte. Ich fand mich damit ab, Einzelgängerin zu bleiben.

Um zumindest ein bisschen vom Leben zu haben, lief ich nach Feierabend oft durch die Straßen und Kaufhäuser von Berlin. An dem Tag, der mein Leben danach Stück für Stück verwandelte, fuhr ich nach der Arbeit mit der U-Bahn. Die meisten Menschen sahen so aus, als würden sie von ihren Sorgen niedergedrückt. Oft half mir das, meine schlechte Stimmung zu überwinden und mein eintöniges Dasein für kurze Zeit zu verlassen. Ich schaute in diese regungslosen Gesichter und verglich sie mit denen in der Fabrik und mit denen, die ich sonst überall sah. Sie sahen nicht glücklich aus. An diesem Abend im Sommer 1975 fühlte ich mich wie in einer Ölsardinendose. Die Ausdünstungen der Mitreisenden beherrschten den Waggon. Sie trieben mich schon am Wittenbergplatz raus. Ich wollte ins KaDeWe, um nach neuen Klamotten zu suchen. Ich musste durch das schwülwarme U-Bahn-Gewölbe, um zum Ausgang zu kommen. Oben verteilte die Sonne gnadenlos ihre Strahlen, der heiße Wind wehte die gelben und braunen Kastanienblätter über den Platz. Gitarrenklänge schwirrten durch die Luft und ich schloss mich der Menschenmenge an, die vor der Ampel stand. Nachdem das rote Männlein sich in ein grünes verwandelte hatte, stürmte ich mit der Menschenherde über die Straße.

Die Gitarrenmusik wurde lauter und aufdringlicher und Gesang erklang. Ich versuchte, dem keine Aufmerksamkeit zu schenken. Als ich ein Stück gegangen war, sah ich eine Straßenmusikantin auf den grauen Gehwegplatten sitzen. Das war nichts Besonderes in West-Berlin. Ihr Hab und Gut war um den herum Baumstamm aufgestapelt, an den sie sich lehnte. Sie sang aus voller Kehle das Lied von Katja Ebstein „Welche Farbe hat die Welt". Ständig wiederholte sie diese Strophe. Hin und wieder legte sie eine Pause ein, um ihre blonden Haarsträhnen, die bis auf die Schultern baumelten, mit der Hand hinters Ohr zu klemmen. Sie rückte auch die restlichen Haare zurecht, die sie liederlich zu einem Dutt gebunden hatte, und sang weiter: „Diese Welt, diese Welt hat das Leben uns geschenkt. Sie ist dein, sie ist mein, es ist schön auf ihr, was werden soll, liegt an dir …" Ich wurde richtig ärgerlich und dachte: Die hat ihre Welt in Plastikbeutel und Taschen eingepackt, schläft am Straßenrand, bettelt um Kleingeld und Essen. Wie kann die von einer schönen Welt singen? Meine Gedanken überrannten mich, es plapperte in meinem Kopf: „Von meiner Welt singt die bestimmt nicht, die ist bitter und grün wie Galle und ekelhaft grau."

Obwohl die Sonne vor dem KaDeWe ihre Strahlen auf den Gehweg knallte, spürte ich, wie mich eine innere Kälte erfüllte. Nachdem ich mich beruhigt hatte, kramte ich in meinen Hosentaschen nach Kleingeld. Ich legte ein paar Groschen auf den Pappteller, der vor ihr stand. In dem Moment trafen sich unsere Blicke. Sie drang mit ihren grünen Augen in meine braunen Augen ein. Vor Schreck kehrte ich ihr den Rücken und hoffte, dass sie nicht bemerkt hatte, wie angerührt ich von diesem Blickkontakt war. Ohne mich umzudrehen, ging ich ins Kaufhaus. Ich drängelte mich gereizt auf die überfüllte Rolltreppe und mein Gedankenspieler leierte: „Ich lebe ein Leben, das nicht meins ist! Nie will ich da sein, wo ich gerade bin."

Ziellos lief ich umher, stellte mich erneut auf die Rolltreppe, da zog mich ein von Schnäppchenjägern umzingelter Wühltisch an. Als ich sah, dass nur Bücher auf dem Tisch lagen, erlosch die Gier nach neuen Klamotten in mir. Das Lied ging mir nicht aus dem Kopf, es plapperte in mir und wollte kein Ende nehmen. Die Strophe „Diese Welt ist dein, sie ist mein, was werden soll, liegt an dir" prägte sich tief ein.

Was dann passierte, ist kaum zu glauben. Ich lief, ohne es zu merken, im Kreis und stand nach kurzer Zeit erneut vor dem Wühltisch. Das Buch, das obendrauf lag, zog meine Aufmerksamkeit an. Ich angelte es mir heraus und schaute mir das Inhaltsverzeichnis an. Dann blätterte ich das ganze Buch durch. Das Buch handelte davon, Gedankenmuster aufzuspüren und aufzulösen. So viel konnte ich verstehen. Ich nahm diese Worte sehr persönlich. Sie waren wie ein Rettungsanker. Meine Abneigung gegen Geschriebenes verschwand und die Wörter waren für mich lesbar. Es war ein Lichtblick. In meinem Kopf kreischte der Gedanke: „Ich habe den Schlüssel zur Freiheit gefunden!"

Nachdem ich tagelang darin gelesen hatte, keimte in mir die Hoffnung, dass mich das Buch aus der Gefangenschaft der Wörter herausholt. Es war wie eine blühende Blume, die ihren Samen in mein Inneres schickte, sodass die Samen in mir Wurzeln schlugen und mich innerlich erfüllten. Ich hoffte, dass ich aus diesem Buch neue Gedanken und Denkstrukturen entnehmen könnte, um mich zu verändern. Es wurde mein erstes Lehrbuch und hat mich auf meinen lernenden Lebensweg gebracht. Meine Wissbegier wurde neu entfacht.

Um den Text besser zu verstehen, schrieb ich die Wörter ab und dröselte die Sätze auf. Ich verankerte das Wissen in kleinen Stücken. Sie fielen auf unberührten, fruchtbaren Boden und eröffneten mir einen Blickwinkel, der meine Welt in einem neuen Licht zeigte. Die Flamme in mir brannte lichterloh. Ich erkannte, dass so viel unbrauchbare Gedanken in mir waren, die mein klares Denken verhinderten. In mir ging ein Licht auf und ich konnte die gallegrünen Steine, die die Schulzeit tief in mein Herz gepresst hatten, bearbeiten. Im Lauf der Jahre purzelte einer nach dem anderen in mein Fundament und begann, dort zu leuchten.

Dummerweise habe ich dieses Buch verliehen und weiß den Titel auch nicht mehr. Ich habe es niemals wiederbekommen und bin seit vielen Jahren auf der Suche danach. Ich schaue in Bücherhallen, Buchgeschäften, auf Flohmärkten und überall, wo es Bücher auf dem Wühltisch gibt. Ich hoffe, dass ich es irgendwann wiederfinde. Es war ein Lebenshilfebuch. Im Lauf der Jahre habe ich so viele Bücher in den Händen gehabt. Einige sind sich sehr ähnlich und ich kann nicht mit Sicherheit sagen, ob es das Buch von Joseph Murphy „Macht Ihres Unterbewusstseins" war. Aber ich weiß ganz genau, dass es im „Ariston Verlag" Genf erschienen ist.

Das Buch, von dem ich spreche, muss vor 1974 erschienen sein. Denn ich habe es 1975 auf dem Grabbeltisch entdeckt und gekauft. Im Anhang des Buches gab es Buchempfehlungen, die für mich sehr spannend waren. Darum kann ich auch so genau sagen, dass es im „Ariston Verlag" erschienen ist. Ich weiß noch, wie begeistert ich mir dort andere Bücher bestellt habe. Das war der Anfang von meinem lernenden Lebensweg und ich erinnere mich gerne an diese Zeit zurück.

3. Familienjahre

*Die Gegenwart löst die
Vergangenheit nicht auf.
Sie zieht Erkenntnisse
hinter sich her.*

Meine Welt wurde auf den Kopf gestellt. Merkwürdigerweise fühlte ich mich überall als Fremde und vielleicht war das der Grund, dass ich mir sagte: „Wenn ich jemals heirate, werde ich einen Mann aus einer anderen Kultur nehmen." Diese Gedanken kamen mir im Winter 1976. Kurz darauf kreuzte ein Mann aus Pakistan meinen Weg, der ebenso wie ich auf der Suche war. Eigentlich war es sein Freund Martin, der mich in einer Berliner Diskothek ansprach und mich mit Mahmut bekannt machte. Dieser Abend war sehr schön, so anders und unbeschwert. Die darauffolgende Zeit war spannend und zeigte mir ein ganz anderes Leben auf.

Mahmut berichtete nächtelang über sein vergangenes Leben und sagte, dass er in Pakistan zu einer politischen Studentenbewegung gehörte, die sich aus verschiedenen Gründen 1971 beim Militär eingemischt hatte. Bis heute ist das Militär der bestimmende Machtfaktor in Pakistan. Die politische Studentenbewegung löste sich 1974 auf. Mahmut hatte es vorgezogen, das Land zu verlassen, bevor sie ihn verhaften würden. Er war lange unterwegs, durchkreuzte viele Länder und heuerte in Belgien auf einem Frachtschiff als Maschinenschlosser an. So kam er nach Deutschland, wo wir uns im November 1976 in einer Berliner Diskothek trafen. Er war 30 und ich 22 Jahre alt. Mir war schnell klar: Wir werden unseren Lebensweg gemeinsam weitergehen. Am 22. April 1977 heirateten wir im Standesamt Wedding in Berlin.

Mein Mann organisierte in dem Appartementhaus, in dem er wohnte, eine Einzimmerwohnung für uns. Ich war besonders aufgeregt. Ich hatte noch nicht viel erlebt und jetzt tauchte ich in eine neue Welt ein. Es war eine Welt, die über alles hinausging, was ich kannte, und genau das war es, was ich wollte. Ich wollte über meinen Tellerrand schauen und eine neue Kultur kennenlernen. Das Leben, in das ich reingeboren wurde, hat mich nicht weit gebracht. Ich hatte immer das Gefühl, dass ich fehl am Platz und verkehrt bin. Es schlichen sich viele Gedanken durch meinen Kopf. Sie kamen und gingen. Doch die, die ich in diesem Moment brauchte, blieben. Ich musste meine Wohnung auflösen und einen Nachmieter finden, und das alles, bevor die Mai-Miete fällig wurde.

Mit meinem vollgepackten Koffer, mit dem ich vor drei Jahren in Hannover Langenhagen ins Flugzeug stieg und in Berlin Tempelhof landete, saß ich jetzt in der U-Bahn und fuhr in den Wedding. Für mich war es ein seltsames Gefühl, in unsere gemeinsame Wohnung einzuziehen. Weil ich den Umzug nebenbei erledigte, brauchte ich drei Tage. Ich fuhr immer nach der Arbeit in meine alte Wohnung, schnappte mir zwei vollgepackte Stoffbeutel und machte mich auf den Weg zur Koloniestraße. Am letzten Tag füllte ich einen Pappkarton mit der Bratpfanne, dem Topf, zwei Tellern, Gläsern und zwei Tassen und bereitete schon die Putz-Arie vor. Denn ich musste die Wohnung besenrein übergeben. Als mich Mahmut an diesem Abend abholte, nahm er die schwere Tasche und wir gingen beschwingt das letzte Mal gemeinsam durch Kreuzberg zur U-Bahn „Schlesisches Tor" und fuhren in den Wedding.

Als ich anderthalb Jahre vorher die Wohnung gemietet hatte, wunderte ich mich, weil sie nur 75 DM kostete, dachte aber nicht weiter darüber nach. Bei einem meiner ersten Spaziergänge traf ich auf die Berliner Mauer. Sie war nur eine Straße entfernt. Von der „Schlesische Straße" konnte ich bis zum Grenzübergang „Oberbaumbrücke" sehen. Kein Wunder, dass die Berliner diese Gegend verlassen hatten und dass die Miete so günstig war. Wer will schon gerne eingemauert sein?

Oft saß ich an der Oberbaumbrücke und sagte mir, was für ein seltsamer Zufall das war, dass ich mit 22 Jahren hier an der Spree saß, die durch Berlin floss und die Grenze zwischen Ost- und Westberlin war. Ich fragte mich, warum ich in dieser zerrissenen Stadt lebte, und spürte meine eigene innere Zerrissenheit. Vielleicht war ich auf Spurensuche. Vielleicht wollten die Wunden heilen, sodass ich meinem alten Leben nicht mehr nachtrauerte und frei von der Vergangenheit wurde. Diese Brücke gehörte zum Grenzkontrollpunkt. Auf der Kreuzberger Seite stand die Mauer mit einem schmalen Durchlass und einem niedrigen Wachturm. Sie war ausschließlich für Fußgänger zugänglich, die nach Ostberlin wollten. Auf der Ostberliner Seite in Friedrichshain war quer über der Straße ein zweistöckiges Kontrollgebäude errichtet worden, das von der Volksarmee bewacht wurde. Immer wieder haben Menschen versucht, durch die Spree nach Westberlin zu schwimmen. Oft bezahlten sie es mit ihrem Leben und ich sagte mir: „Gut, dass meine Eltern so einfach flüchten konnten." Für uns bestand keine Lebensgefahr. Aber die Flucht hat dennoch einen bleibenden Eindruck bei mir hinterlassen.

Es war erst 15 Jahre her, dass meine Eltern am 7. Juli 1961 mit uns vier Kindern durch das Berliner Tor gingen, um aus der DDR zu flüchten. Ich war sechs Jahre alt und ließ an diesem Tag einen Teil meiner Wurzeln zurück. Nach den Sommerferien sollte ich eingeschult werden. Oft fragte ich mich, ob mein Leben anders verlaufen wäre, wenn wir nicht geflüchtet wären. Sicher wäre ich kein andrer Mensch geworden, aber bestimmt eine bessere Schülerin. Die Flucht hatte für mich einen langen Rattenschwanz, der sich durch mein Leben zieht. [1]

Manchmal fühlte sich meine Ehe sehr durchwachsen und abenteuerlich an. Es war an einem Sonntag, ungefähr zwei Monate nach der Heirat, als es am Morgen heftig an unserer Appartementtür klopfte. Ich dachte erst, dass mal wieder ein Kollege meines Mannes davor stand, um Eier und Brot auszuleihen. Als ich die Tür öffnete, schaute ich ungläubig in drei ernste Gesichter und stand wie angewurzelt in der Tür. Die Polizisten forderten Einlass. Sie schoben mich zur Seite, durchsuchten die Wohnung und forderten von Mahmut die Ausweispapiere, seine Arbeitserlaubnis und das Bestätigungsschreiben vom zurückgezogenen Asylantrag. Dann kam ich an die Reihe: Von mir wollten sie wissen, wie lange wir verheiratet waren und wie lange wir schon zusammenlebten. Ich antwortete einsilbig und sie fragten nicht weiter nach. Die Ordnungskräfte suchten nach illegalen Asylanten und Einwanderern. Die Polizei hatte die Wohnanlage und alle Kellerdurchgänge abgeriegelt. Keine Maus wäre ungesehen aus diesem Wohnblock entkommen. Es war wie im Krimi.

Sie wurden jedes Mal fündig und wiederholten die Razzia in unregelmäßigen Abständen. Für Mahmut war es wichtig,

---

[1] Die ganze Geschichte steht in meinem Buch „Im Labyrinth der Buchstaben" und beginnt auf Seite 23.

immer alle Papiere bei sich zu tragen. Wenn sie ihn ohne Papiere aufgegriffen hätten, wäre er in Abschiebehaft gekommen. Daraufhin habe ich auch eine Kopie seiner Papiere bei mir getragen. In Unsicherheit zu leben war für mich sehr aufregend. Nach der Heirat waren unsere Tage ruhelos. Mahmut wollte sich selbstständig machen, und weil wir nicht genug Kapital hatten, dachte er über eine Partnerschaft nach. Sein Freund Murat hatte schon seine Familie nach Berlin geholt. Für ihn war es einfach, das Geld für einen indisch-pakistanischen Lebensmittelladen aufzubringen.

Wir gingen zur Berliner Bank und erkundigten uns nach einem zinslosen Darlehen von der Stadt Berlin. Sie würden uns das Darlehen über 3000 Mark bewilligen, wenn wir ihnen einen Mietvertrag für einen Laden vorzeigen könnten. Es dauerte nicht lange, bis wir einen Laden in der Motzstraße in Schöneberg fanden. Der Laden wurde für mich schnell undurchschaubar. Ich merkte, dass mit dieser freundschaftlichen Beziehung zu Murat etwas nicht in Ordnung war, und versuchte, mit Mahmut darüber zu sprechen. Leider bekam ich nur ausweichende Antworten. Meine Ehe hatte ich mir anders vorgestellt und es ging mir gesundheitlich auch nicht gut. Morgens nach dem Aufstehen fühlte ich mich komisch, als ich zu meiner Arbeit zur Autoantennenfabrik fuhr, war mir immer noch hundeübel. Ein Besuch beim Arzt verschaffte mir Klarheit: Ich war schwanger.

Zuerst war ich überrascht und dann mit Freude erfüllt. Dass ich in einigen Monaten Mutter werden würde, war unglaublich schön für mich. Am Abend sprach ich mit Mahmut darüber, dass wir bald zu dritt sein würden. Aber weil er in Gedanken im Geschäft war, verstand er das nicht gleich. Darum sagte ich es noch mal deutlich: „Wir werden bald zu dritt sein.

Wir brauchen ein Kinderbett!" Sein Gesicht hellte sich auf, es fing zu leuchten an. Er freute sich und wir dachten noch am selben Abend über einen Namen nach. Dieser Abend war schön. Mahmut schob die Sorgen über das Geschäft weg und wir sprachen über unser Leben und wie es sein würde, wenn das Kind da ist.

Nach einem halben Jahr kam es zum Zerwürfnis mit seinem Geschäftspartner. Mahmut verkaufte unseren Teil des Ladens an Murat. Als er eines Nachmittags nach Hause kam, sah ich schon, dass irgendetwas nicht stimmte. Er sagte: „Lass uns Martin, unseren Freund in Erlangen, besuchen. Er hat Semesterferien." Hals über Kopf holte er die Koffer vom Dachboden. Als er mit Koffern und Taschen vor mir stand, sagte ich: „Eigentlich will ich keine Reise vor der Geburt unseres Kindes machen. In was für einen Schlamassel bist du schon wieder reingeraten?" „Komm jetzt, wir sprechen im Auto", antwortete er. Innerhalb einer Stunde verließen wir Berlin. Er begründete sein eigenartiges Vorhaben damit, dass es in Nürnberg günstige Bedingungen für ein indisches Lebensmittelgeschäft gäbe. Mahmut sagte: „In Zirndorf ist das größte Auffanglager für Asylbewerber in Deutschland." Ich wusste, dass es eine Reise ohne Wiederkehr sein würde. Warum sollten wir diese Strapaze sonst auf uns nehmen? Mein Einwand, dass die Entbindung bald bevorstand, ignorierte er völlig. Wir nahmen den Transitverkehr durch die DDR, weil wir diese Strecke von den Besuchen bei meinen Eltern in Schneverdingen schon kannten. Wir passierten den Grenzübergang Helmstedt und fuhren in die BRD hinein und suchten uns ein Hotel. Am frühen Morgen fuhren wir nach Erlangen, es war fast ein bisschen unbeschwert. „Waqar ist ein nordafrikanischer Name. Er bedeutet Würde", sagte Mahmut, und ich sah ihm an, dass er sich auf die Geburt unseres Kindes freute.

Wir kamen für einige Wochen bei unserem Freund im Studentenwohnheim unter. Eine Zweizimmerwohnung in Zirndorf ließ sich günstig finden. Unser kleiner Waqar wurde am 16. Mai 1978 in Nürnberg mit vielen schwarzen Locken geboren. An diesem Tag löste Mahmut unsere Wohnung in Berlin auf. Außerdem hatte er für unser Geschäft noch einiges zu erledigen. Ich lag im Krankenhaus in Nürnberg und war froh, dass die Geburt leicht und mühelos verlaufen war. Mahmut begrüßte unseren Sohn erst einen Tag nach seiner Geburt. Ich war glücklich und etwas unsicher. Mit 22 Jahren war ich jetzt Mutter und Waqar war ein kleiner Schreihals, der nur zum Essen einschlief. Am Anfang fragte ich mich, ob ich die Kindererziehung bewältigen würde, und war mit meiner Mutterrolle ausgefüllt.

Weil Mahmut noch keinen neuen Laden gefunden hatte und wir neu in der Gegend waren, hatte er Zeit, mir zur Seite zu stehen. Leider war Mahmut ein Mitleidsjäger. Er sprach tagaus, tagein nur über seine Probleme. Wir sprachen nächtelang über einen Neuanfang in Pakistan. Ich war bereit, Deutschland den Rücken zu kehren. Aber es sprach immer etwas dagegen. Hauptsächlich war es das Geld, dem Mahmut hinterherjagte. Er konnte nicht ohne Geld in die Heimat zurückgehen.

Zwei Jahre später klopfte das Glück erneut an. Unsere kleine Yasmin kam im Mai 1980 zur Welt. Die Kleine war das Gegenteil von ihrem Bruder und schlief die ersten drei Monate praktisch durch. Ich weckte sie zu den Mahlzeiten, sie trank und schlief erneut ein. Obwohl Mahmut die meiste Zeit unterwegs war, war ich glücklich. Die Kinder wuchsen heran und es war gut, dass mir keiner in die Erziehung reinredete.

Schade war, dass Mahmut die Kinder kaum noch sah, weil er mit dem Aufbau unserer Zukunft beschäftigt war. Ende 1980 eröffneten wir in der Schulstraße in Zirndorf unseren Laden. Nach dem Frühstück schloss er pünktlich um 9:00 Uhr die Ladentür auf und fuhr dann los. Mahmut kaufte täglich Waren für unser Geschäft ein.

Waqar war zu dieser Zeit sehr auf seinen Vater fixiert. Wenn er wegfuhr, protestierte er mit lautem Geschrei. Dann nahm ich ihn auf den Arm, wischte ihm die Tränen aus dem Gesicht und blieb mit den Kindern im Geschäft. Ich genoss ihre warme, weiche Babyhaut auf meinem Körper. Die beiden spielten zu meinen Füßen, wir machten es uns im Nebenraum gemütlich und ich erzählte ihnen Geschichten. Auch Waqar redete viel. Er war jetzt schon zwei Jahre alt. Sein Wortschatz war erstaunlich. Ich genoss diese Zeit und nahm mir vor: Diese Unbeschwertheit kann uns keiner nehmen, egal was kommt.

Damals wusste ich noch nicht, dass dieses Wort „Unbeschwertheit" und die Fähigkeit, aus jeder Situation das Beste herauszuziehen, in meinem späteren Leben eine tragende Rolle spielen sollten. Die Kinder waren wie ein Stoppschild, das mahnte: „Nimm es an, es kann noch schlimmer kommen. Versuche, unbeschwert zu sein!" Es kam doch nur auf mein Denken an und mir fiel ein, wie meine Mutter mit ihren grundlosen Sorgen oft die Stimmung in der Familie niederdrückte. Dieses Wort Unbeschwertheit war alles andere als ein Anlass zur Sorge. Es trägt für mich die Fähigkeit in sich, aus einer schweren Situation das Leichte herauszuholen.

Wir verbrachten viele Stunden, ohne einen Kunden zu bedienen. An den Wochenenden belud Mahmut unseren Lieferwagen mit Gewürzen, Konserven, Linsen und Mehl für das

Fladenbrot. Mit allem, was man für ein indisch-pakistanisches Essen braucht. Er fuhr nach Schwarmstedt und nach Weißenburg und zu anderen Anlaufstellen, wo viele seiner Landsleute lebten, um sie mit Lebensmitteln zu versorgen.

Am Anfang kam er abends nach Hause, aber dann wurde ihm der Weg zu lang und er blieb über Nacht weg. Darüber gab es oft Streit und ich sagte: „Du bist zu selten da, Waqar und Yasmin brauchen dich. Gerade jetzt, wo sie noch so klein sind. Später werden sie immer mehr ihren eigenen Weg gehen." Aber ich konnte Mahmut mit diesem Anliegen nicht bewegen, an seinem Verhalten etwas zu ändern.

Die Leute aus dem Asylantenheim kamen nicht zu uns. Manchmal verirrte sich einer ins Geschäft, ging dann aber wieder. Zirndorf hatte nur ungefähr 16.000 Einwohner. Einige davon kauften bei uns Zwiebeln, Tomaten, Kartoffeln oder einen Blumenkohl. Aber mit den ausländischen Lebensmitteln konnten sie nichts anfangen. Das Geschäft war ein Reinfall. Die Einheimischen waren freundlich und unsere beiden Kinder verzauberten mit ihrer Cappuccino-Haut und ihren großen dunkelbraunen Augen die Menschen im Dorf. Sie konnten ihrer lebendigen Art nicht widerstehen. Sie waren von den Kleinen angerührt und begeistert. Mahmut mietete einen Laden in Nürnberg und wir zogen erneut mit Sack und Pack um. Weil wir nicht mehr neu in der Gegend waren, hatten wir schon einen großen Bekanntenkreis, der uns beim Umzug und Einrichten des Ladens half.

Die Mieten in der Stadt waren viel höher als in Zirndorf. Darum zogen wir nach Fürth und suchten eine günstige Alternative. Wir entschieden uns für eine Wohngemeinschaft mit Arif, seiner Frau Monika und einigen Kollegen. Für mich war das kein geeignetes Zuhause, aber die Kinder fühlten sich unter all den Menschen wohl, und es war ja auch irgendwie lustig. Ich machte das Beste aus unseren Verhältnissen, oft dachte ich über die Kindererziehung nach und freute mich, dass mir keiner reinredete. Auf keinen Fall wollte ich meine Kinder so erziehen, wie ich von meinen Eltern erzogen worden war. Ich erzog meine Kinder behutsam in eine Richtung, von der ich glaubte, dass sie gut war. Und ich bin auch heute noch der Meinung, dass Kinder nicht in ein Erziehungssystem reingepresst werden dürfen.

Jedes Kind ist ein Individuum, darum ging ich gefühlsmäßig an die Kindererziehung heran. Ich schenkte ihnen meine volle Aufmerksamkeit. Waqar und Yasmin entwickelten sich prächtig. Im Hinterkopf schwebte ein Gedanke: Meine Erziehung soll bewirken, dass sie selbstsichere, fröhliche Menschen werden, die sich selbst treu bleiben können. Das geht nicht immer, das war mir klar, aber ich wollte die Grundmauern dafür legen. Ich ging mit den Kindern gerne zur Vorsorgeuntersuchung, da gab es immer was zum Mithören im Wartezimmer und jemanden, der sein Wissen verkündete.

Aufmerksam hörte ich zu, und was für mich sinnvoll erschien, nahm ich auf. So erfuhr ich auch, dass die ersten drei Jahre die wertvollsten für die Entwicklung des Gehirns bei Kindern sind. Den Rest ließ ich durch meine Ohren ziehen. Das war eine Bestätigung für mich. Ich dachte: Genau, sie müssen sich nur angenommen und gesehen fühlen.

Die Geschichten, die wir uns ständig erzählten, waren wie Fantasiereisen. Sie förderten die Kreativität und das Denkvermögen. Ich war auf dem richtigen Weg und keiner mischte sich ein. Denn sonst wäre die Erziehung der Kinder viel schwieriger gewesen. Ich bestimmte selbst und das machte die Erziehung für mich unbeschwert. So hatte ich mir das zwar nicht vorgestellt, denn ich wollte ein richtiges Familienleben haben. Aber es hatte sich dahin entwickelt, dass ich die Verantwortung trug, und ich nahm sie an, weil mir nichts anderes übrig blieb.

Unser geplanter Neuanfang in Pakistan verschob sich von Jahr zu Jahr. Die Pläne, die wir nächtelang pflanzten, vertrockneten, noch bevor sie Früchte trugen. Ich beschloss, mit den Kindern in Deutschland zu bleiben. Auf keinen Fall wollte ich sie entwurzeln.

Nach einem heftigen Streit mit Mahmut entschied ich, mich noch mal mit dem Buch zu beschäftigen, das ich auf dem Grabbeltisch gefunden hatte. Daraufhin durchstöberte ich die letzten noch nicht ausgepackten Umzugskartons. Ich war mir sicher, dass der rot karierte Schuhkarton, in dem ich meine Bücherschätze ablegte, beim letzten Umzug mitgekommen war, aber er war nicht zu finden. Dann fiel mir ein, dass ich im Einbauschrank im Korridor noch nicht nachgesehen hatte, und ich holte die Leiter aus dem Keller. Tatsächlich stand dort im obersten Fach der Karton. Ich nahm erwartungsvoll den Deckel ab und wurde enttäuscht. In diesem Moment fiel mir ein, dass ich das Buch in Zirndorf verliehen hatte, und weil wir umgezogen sind, habe ich es nie wiederbekommen. Deshalb dachte ich um und nahm das Buch „Mein Erfolgssystem" von Oskar Schellbach aus dem Karton, um es erneut zu lesen und zu bearbeiten.

Unser Leben war von Höhen und Tiefen geprägt. Ich war oft unzufrieden, aber die Kinder hatten ein Recht auf eine angenehme Kindheit. Ich war 28 Jahre alt und brauchte dringend ein bis zwei Tage Struktur für mich, um wieder aus dem Buch zu lernen. Das machte mich glücklich und ausgeglichen.

Das Leben mit Mahmut hielt ständig Überraschungen für mich bereit. Im Juli 1982 kam er zeitig nach Hause und sprach von der Lösung unserer Probleme. Er sagte: „Lass uns nach Holland fahren, dort gibt es genug Kunden für ein indisch-pakistanisches Lebensmittelgeschäft." Mittlerweile konnte ich das nicht mehr hören und sagte: „Ich bin sehr enttäuscht darüber, dass wir ständig von Neuem anfangen müssen."

An diesem Abend diskutierten wir wieder über einen Neuanfang, doch dieses Mal in Holland. „Da muss aber noch viel erledigt werden, bevor wir gehen", sagte ich. Schon Monate vorher hatten wir unseren letzten Laden geräumt und nur noch einen Lagerverkauf. Rechnungen mussten noch bezahlt werden und der Mietvertrag für das Lager musste noch in einen passiven Mietvertrag umgewandelt werden. Das sparte Kosten. Arif und seine Frau kamen mit, wir konnten uns die Miete in Holland teilen. Ich fühlte mich langsam wie ein Wandler zwischen zwei Welten und erinnerte mich, dass ich aus meiner kleinkarierten Welt ausbrechen wollte. Das hatte ich jetzt aber zu hundert Prozent geschafft. Ich nahm das Ganze als Abenteuer, denn nichts ist schlimmer für die Kinder als eine besorgte, traurige Mutter. Und irgendwann würde das Nomadenleben, das wir führten, auch ein Ende haben. So lange wollte ich es als Herausforderung betrachten.

In den frühen Morgenstunden eines Junitages 1982 suchte ich unsere Sachen zusammen. Mahmut packte das Auto mit Lebensmitteln voll, und nach dem Frühstück fuhren wir nach Den Haag in Holland. Auch dort war Mahmut ständig unterwegs, der Wunsch nach einem florierenden Laden erfüllte sich aber nie. Der Traum zerbröselte von Tag zu Tag mehr. Für gestrandete Leute aus Deutschland gab es keine Arbeit. Die Zeit lastete schwer auf unseren Schultern. Es war wie verhext. Nach drei Monaten fuhren Arif und seine Frau Monika zurück. Ihr Wunsch nach einem besseren Leben war wie eine rosarote Seifenblase zerplatzt, und es dauerte nicht mehr lange, bis auch wir mit den Ersparnissen am Ende waren. Wir brauchten dringend eine Lösung. Eine Alternative war, nach Deutschland zurückzufahren, um dort behelfsmäßig unterzukommen.

Diese Notsituation verlangte es, dass ich bei meinen Eltern nachfragte. Ich hoffte, dass sie nicht zu viele Fragen stellen würden. Sie akzeptierten Mahmut als ihren Schwiegersohn, aber das Verhältnis zu ihm war distanziert. Für mich war der Gedanke, wieder bei meinen Eltern im Haus zu leben, alles andere als unbeschwert. Aber ich musste einfach das Beste für uns daraus machen. Meine Eltern willigten ein und stellten kaum Fragen.

Wir fuhren an einem Freitagmorgen Mitte Oktober 1982 nach Schneverdingen. Außer einem Sack voller Misserfolge und zwei vollgepackten Kartons hatten wir nichts mehr. Am Montag begann Mahmut mit der Arbeitssuche. Dazu fuhr er täglich nach Hamburg. In einer Fleischfabrik bekam er einen Job als Schlosserhelfer. Kurz vor der Weihnachtszeit organisierte er eine Zweizimmerwohnung für uns.

Ich war froh. Es wurde Zeit, auszuziehen. Waqar und Yasmin waren erstaunlich lebhaft bei meinen Eltern. Es gab öfter kleinere Reibereien, das Haus war einfach zu klein. Aber als wir Kinder waren, war für meine drei Brüder, meine Eltern und für mich genügend Platz im Haus gewesen. Die Zeiten hatten sich einfach geändert, auch meine Eltern waren älter geworden und kamen schnell an ihre Grenzen. Wir zogen in eine eigene Wohnung nach Halstenbek, im sogenannten Affenfelsen. Für meine Kinder war das alles wie ein Spiel. Wir waren nie lange an einem Ort gewesen und sie hatten ihre Wurzeln nur in der Familie.

Als wir im Auto saßen und nach Halstenbek fuhren, rätselten wir, wie die Wohnung aussehen würde, die der Papa für uns gemietet hatte. Jeder sagte etwas Lustiges, wir waren vergnügt und dann auch bald da. Mahmut war der Organisator- und Versorgertyp und hatte schon eine Couchgarnitur, Betten und Decken in die Wohnung gebracht. Die Möbel waren alt, aber sauber, und das hat uns schon gereicht, um glücklich zu sein. Auf alle Fälle war es besser, als auf dem Boden zu schlafen. Und als wir an diesem Freitagabend in die warme Wohnung eintraten, hoffte ich, dass wir unser Leben endlich in Ruhe leben könnten.

Ich hatte ein gutes Gefühl. Die Suche hatte ein Ende und ich konnte mein Leben neu organisieren. Die Frage war: Wie hole ich das Beste aus meiner Zeit heraus? Ich staunte immer wieder, wie groß der Zusammenhalt zwischen Mahmut und seinen Landsleuten war.

In dieser Zeit gab es wieder Razzien wie in Berlin. Die Polizei umstellte den Wohnblock, riegelte alle Kellergänge ab und durchsuchte die Wohnungen nach Menschen, die ohne Erlaubnis in Deutschland waren. Auch hier wurden sie jedes Mal fündig und kamen regelmäßig wieder. Von überall bekamen wir Möbel, Hausrat, Geschirr, kitschige Bilder, Plastikpflanzen und sogar einen Globus geschenkt. Die Wohnung wurde im Lauf der Zeit sehr gemütlich.

Der Blick aus dem Wohnzimmerfenster fiel direkt auf eine Baumschule. Als wir einzogen, waren die kleinen Bäume nur ein Gerippe. Dicke Schneeflocken legten sich auf die dunkelbraunen Äste und es sah märchenhaft aus. Oft presste der

Sturm den Schnee an die große Fensterscheibe, und dann zog Schritt für Schritt der Frühling mit Hagel, Regen und Sonnenschein ein.

Nach einem Jahr zogen wir nach Hamburg-Cranz. Mahmut konnte auf dem Deich zu Fuß zur Fleischfabrik gehen. Zum ersten Mal hatte er Zeit für die Kinder und beschäftigte sich mit ihnen. Er spielte und tobte mit Waqar und Yasmin. Waqar kam 1984 zur Schule. Ich sah diesem Tag gelassen entgegen. Ich ging zu den Elternabenden, viele schriftliche Unterlagen gab es nicht auszufüllen, und für den Fall, dass ich mal eine Entschuldigung schreiben musste, hatte ich mir ein Büchlein „Schreiben für jeden Anlass" besorgt. Außerdem wurde zu dieser Zeit noch kein großes Gewese um Menschen gemacht, die nicht gut lesen und schreiben konnten. Ich nahm mir vor, dass ich meinen Kindern nicht gleich von Anfang an einreden wollte, dass jetzt der Ernst des Lebens beginnt, so wie ich es mir von meinen Eltern anhören musste. Ich sagte nie ein negatives Wort über die Schule. Wenn ein schulisches Problem auftauchte, sprach ich mit ihnen kindgerecht darüber. Es hat sich gezeigt, dass dieser Weg der bessere war. Weil ich nicht ständig auf der Schule herumhackte, machte Waqar nicht viele Fehler und fühlte sich gut aufgehoben.

Als der Herbst kam, bauten sie mit Mahmut gemeinsam einen Drachen und ließen ihn fliegen. Der Wind trieb den rotbraunen Drachen über die Äste, und Mahmut erzählte den Kindern von Pakistan. Es war richtig schön. So stellte ich mir ein Familienleben vor und ich hoffte, dass Mahmut gefunden hatte, wonach er suchte. Als der Frühling kam und alles grünte und erblühte und der Wind um die Häuser sauste und die weißrosa Blütenblätter vor unserem Fenster tanzen ließ, war die Natur zu einem großen Wunder geworden. Die Sonne schien, der Regen fiel, am Himmel leuchtete ein Regenbogen. Gewitterwolken verfinsterten den Tag, und dann erzählten wir uns spannende Gruselgeschichten.

Abends vor dem Einschlafen reisten wir mit dem Finger auf dem Globus um die ganze Welt und stellten uns die fremden Länder vor. So gab ich meinen Kindern Begeisterung und Fantasie mit auf ihren Lebensweg. Die Hoffnung, dass Mahmut ein Familienmensch werden würde, floss jedoch wie das Regenwasser in die Elbe.

Mahmut geizte mit jeder Mark und es dauerte nicht lange, bis er erneut unzufrieden wurde und zu suchen begann. Aber dieses Mal meinte das Glück es gut mit uns. Wir bekamen 1985 die Gelegenheit, einen Imbisswagen für 20.000 DM zu kaufen. Dann musste für die Kinder eine Lösung her. Yasmin ging zur Vorschule und kam im August 1986 in die erste Klasse.

Der Standort vom Imbisswagen war vor dem Rothenbaum-Sportplatz, dort, wo Uwe Seeler für den HSV seine Tore schoss. Aber es gab einen Haken: Das Stück Land, auf dem der Imbisswagen stand, war von der Stadt Hamburg gepachtet. Es sollte in der nächsten Zeit neu bebaut werden und es war nur eine Frage der Zeit, bis das Arbeitskommando kommen und alles plattmachen würde. Darum musste der Pachtvertrag jährlich verlängert werden.

Ich war 31 Jahre alt, als wir dieses Risiko auf uns nahmen. Von zehn bis vierzehn Uhr legte ich zehn Jahre lang Currywurst, Brat- und Schinkenwurst auf den Grill und frittierte Pommes. Meine Grenzen verschoben sich immer mehr und ich merkte, dass durch unsere gemeinsamen Reisejahre etwas in mir anders geworden war.

Ich hatte gelernt, mit Menschen umzugehen, und wenn die Kunden genervt am Imbisswagen ihre Pause verbrachten, versetzte ich mich in sie hinein. Ich versuchte, ihnen etwas Unbeschwertheit zu geben. Ich merkte, wie meine Worte ihnen guttaten, und sah in ihren Gesichtern, was mit ihnen los war. Für mich war das eine Herausforderung, eine Schulung, ein Weg, den ich nach kurzer Zeit sehr gerne ging.

Nachmittags hatte ich Zeit für die Kinder, das heißt, wenn die Straßen zum Elbtunnel, durch den der Bus fuhr, nicht verstopft waren. Die Kinder warteten täglich ab 15:30 Uhr an der Bushaltestelle auf mich und hatten sich gut in Cranz eingelebt. Auf die Dauer war das aber keine Lösung, darum beschlossen wir, nach Hamburg reinzuziehen. Im Haus gegenüber vom Imbiss bekamen wir im Dachgeschoss eine Wohnung angeboten. Daraufhin überprüften wir unsere Kosten und stellten erstaunt fest, dass die Ausgaben für die Kinderbetreuung, die Miete und Fahrtkosten nur 150 Mark niedriger waren als die neuen Mietkosten.

Dann ging alles sehr schnell und zwei Wochen später zogen wir um. Ich hatte wieder mehr Zeit für die Kinder und verschwendete keinerlei Gedanken daran, mit meinem Mann über meine Schreibschwierigkeiten zu sprechen. Das war überhaupt nicht wichtig.

Yasmin ging in die dritte Klasse, Waqar in die fünfte Klasse der Gesamtschule. Ich gab ihnen Sicherheit, indem ich uneingeschränkt für sie da war. Die ersten Jahre übte ich mit beiden Schreiben und las ihnen aus ihrem Lesebuch die Wörter langsam vor. Danach schauten wir uns gemeinsam die Wörter an, die sie aufgeschrieben hatten.

Da ich die Wörter aus ihrem Lesebuch diktierte, konnten die

beiden nachvollziehen, ob sie richtig oder falsch waren. So konnten sie die Wörter gleich verbessern und waren stolz, dass sie den Fehler gefunden hatten. Aber meistens war alles richtig. Ich sagte ihnen, dass sie gute Schüler seien, und dann achtete ich noch darauf, dass sie ihre Hausaufgaben machten. Ich freute mich. Ich hatte einen Weg gefunden, ohne ihn wirklich zu suchen. Ich wollte nur das Positive bei meinen Kindern hervorheben. Das hat ausgereicht, zwei tolle Menschen in die Welt zu schicken. Ich weigerte mich einfach, eine Methode anzuwenden, die Kinder beschämt und kleinmacht. Ich wusste aus eigener Erfahrung: Sag etwas lange genug, oft genug, früher oder später werden sie es glauben. Ich war nicht fern von der Realität, sondern genau mittendrin. Denn ich wurde in der Schule nach dieser kleinmachenden Methode erzogen.

Das Verrückte war, dass ich bis jetzt gebraucht hatte, um das herauszufinden. Wir waren eine ganz normale Familie, und zwei Kinder mit dem Sternzeichen Stier können auch mal ganz anders als nur lieb sein. Aber ich als Mutter mit dem Sternzeichen Waage habe das immer ganz gut zurechtgerückt. Ich war froh, dass ich in der unruhigen Zeit unserer Ehe eine innere Abstellkammer eingerichtet hatte. Dort legte ich alle Angelegenheiten ab, die ich im Moment nicht brauchte. Die Aufgaben kamen erst ans Tageslicht, wenn ich sie brauchte.

So war es auch mit meinem Schreibproblem. Ich sprach mit niemandem darüber. Was hätten meine Kinder mit dieser Information anfangen sollen? Warum sollte ich sie verwirren? Der Tag würde kommen, an dem es spruchreif wäre. Die Zeit verging, die Kinder spielten, lernten und gediehen. Ich wurde aufmerksam mir selbst gegenüber. Immer wieder weigerte ich mich, jämmerliche, kleinmachende Gedanken zu denken, die sich trotz meiner Bemühungen immer noch einschlichen. Ich musste meine Denkweise überprüfen und schauen, was da los war. Was nicht stimmig war, musste ich wie Unkraut ausmerzen oder in diese Abstellkammer verbannen, damit sich das Gefühl klären konnte.

Ich verfing mich trotzdem immer wieder in meiner alten Denkstruktur. Das Unbekümmerte und der Zauber von Yasmin und Waqar aus der Kleinkindzeit hatten mich schon seit Langem verlassen. Als die Kinder klein waren, hatte immer nur das Jetzt gezählt, nicht das Gestern, nicht das Morgen, sondern dieser Augenblick war der Wichtigste auf der ganzen Welt. Und wenn die Sandburg zertreten war, lag die Welt für diesen Augenblick in Scherben. Damals hatten meine negativen Denkstrukturen aus der Vergangenheit keinen Platz, denn sie kamen nicht aus dem Jetzt. Nun begann ich erneut, mich mit mir selbst auseinanderzusetzen.

4. Was ich erlebte

Aus zwei mach eins, aus eins mach zwei,
suche Dir die Teile, die Du brauchst.
Und mache ein Ganzes daraus.

Die Erkenntnis, dass ich nicht nur wie ein Blatt im Wind war, bewirkte, dass ich meine Denkweise zu überprüfen begann. Ich nahm mir vor, was nicht stimmig war, wie Unkraut auszumerzen, um neue Gedanken einzupflanzen. „Ich will nur das denken, was ich auch erleben möchte", sagte ich mir. Aber das gelang mir nur sehr selten. Aber seitdem weiß ich: Nichts muss bleiben, wie es ist. Meine Lebensaufgabe hatte sich im Teufelskreis von Schwierigkeiten versteckt. Ich fühlte mich wie in einer übergroßen Konservendose. Ich verlor den Boden unter meinen Füßen, prallte an den Wänden immer wieder ab. Am liebsten wäre ich liegen geblieben. Immer wenn ich Menschen begegnete, fühlte ich mich, als würde ich brennen.

Ich hatte das Gefühl, sie sehen, was mit mir los ist. Sie sehen, dass ich kaum lesen kann, und machen sich darüber lustig. Aber es waren meine eigenen Gedanken, die mich zu diesem brennenden Gefühl getrieben haben.

Es ist für mich inzwischen nicht mehr schlimm, die Wörter öffentlich mal so oder so zu schreiben. Früher war das eine Katastrophe für mich. Darum habe ich das öffentliche Schreiben vermieden. Wenn es um das Ausfüllen von Formularen ging, war es nicht so schlimm, weil ich sie mit nach Hause nehmen konnte. Dort las ich das Formular mehrere Male durch und suchte mir die Wörter, die ich brauchte, aus dem

Rechtschreib-Duden heraus. So konnte ich das Formular ausfüllen. Weil ich immer zwei Exemplare mitnahm, war ich einigermaßen beruhigt. Denn so hatte ich immer eins, worauf ich üben konnte. Ich konnte die Wörter darauf aussprechen und verbessern und dann auf das unbeschriebene Formular übertragen. Dafür brauchte ich oft mehrere Tage, aber ich war in meinen vier Wänden sicher, dass mich keiner beobachtete.

Es war seither viel Zeit vergangen, doch obwohl es mit dem Schreiben schon besser ging, war die Unsicherheit auch noch 1993 mein ständiger Begleiter. Bei meiner neuen Arbeit in der Bäckerei ließ es sich nicht vermeiden, Tricks anzuwenden. Wenn eine Bestellung reinkam, ging ich zum Bestellungsbuch, schlug es auf, nahm ein kleines Stück Papier, schrieb die Bestellung auf, steckte sie in meine Schürzentasche und versuchte, selbstsicher zu wirken. Weil ich meine Arbeit freundlich weitermachte, merkte man mir nichts an. Das Versteckspiel war mir zur zweiten Natur geworden. Ich war zwar unsicher, aber ich konnte gut damit umgehen.

Wenn der Andrang vorüber war, nahm ich das Bestellungsbuch mit in den Nebenraum, um die Bestellung einzutragen. Wörter, bei denen ich unsicher war, schrieb ich besonders undeutlich. Damit das nicht so oft passierte, hatte ich in meiner Schürzentasche einen Zettel, auf dem ich die häufigsten Produktnamen aufgeschrieben hatte. Die Unsicherheit beim Schreiben begleitete mich auf all meinen Wegen. Sie war ein Teil von mir und klebte an mir wie Dreck am Schuh.

„Mir tut jeder Mensch leid,
der nicht genug Fantasie hat,
um ein Wort mal so und mal so zu schreiben.
Schreiben ist leicht.
Man muss nur die falschen Wörter weglassen."

Mark Twain

Mark Twain ist der Autor von „Die Abenteuer von Tom Sawyer". Was die wenigsten wissen: Mark Twain war Legastheniker. Wenn sich Aufgaben hinter Problemen verstecken, hast Du zwei Möglichkeiten. Du kannst deprimiert aufgeben, oder die Gelegenheit nutzen und als Herausforderung sehen. Wenn es Dein Weg ist, ist es gleichgültig, ob Du schnell oder langsam, heute oder morgen losgehst, um die Herausforderung anzunehmen. Ich ging mit kleinen Schritten. Für mich war das der halbe Sieg. Aber es dauerte Jahrzehnte, um als kämpfende Träumerin aus diesem Teufelskreis auszubrechen.

5. Ich bastelte an meiner Zukunft

*Wo vorher Schwierigkeiten waren,
tauchten Gelegenheiten auf.
Ich ließ meine Zukunft
durch mein Handeln
entstehen.*

Ich hatte keine Ahnung, was die Zukunft für mich bereithalten würde. Doch ohne es zu merken, war ich dabei, ein positiveres Bild von mir selbst zu erschaffen. Ich machte meine Gedanken farbig und schickte sie, sooft ich konnte, in meine Zukunft.

Eines Tages kam der Gedanke anscheinend aus dem Nichts: Ich will mit Worten malen können. Wenn ich schreibe, will ich ein Bild und die Wörter vor mir sehen. Damit es nicht mehr so aufwendig ist, sie immer wieder neu zu lernen. Ich ahnte nicht, dass ich eines Tages Bücher schreiben würde. Ich saß oft auf der Parkbank mit einem Pappbecher Kaffee in der Hand und stellte mir ein unbeschwertes Leben ohne Schreibprobleme vor. Ich malte in Gedanken dieses Gemälde und träumte mir mein Leben herbei. Im Hinterkopf lauerte ein Gedanke, der schon so lange in mir herumspukte.

Ich wusste, dass ich mein Denken ordnen muss. Dieser Gedanke, „Ich will meinem Leben eine neue Richtung geben, war ständig da. Wie einen farbigen Sprühregen ließ ich mein Leben vor meinen Augen hinziehen und stellte es mir leicht und beschwingt vor. Ich sah ein Leben ohne Grenzen vor mir. Ich räumte mein eingeschnürtes Leben mit meinen Schreibschwierigkeiten für diese Zeit aus meinem Bewusstsein.

Nachdem der Pachtvertrag für den Standplatz unserer Imbissbude 1995 von der Stadt Hamburg nicht mehr verlängert worden war, hatte ich mir einen Job beim Bäcker in Eppendorf gesucht. Mahmut machte den Taxischein. Meine Arbeitszeit war an fünf Tagen in der Woche von fünf bis zehn Uhr morgens und samstags sogar von vier bis zehn Uhr. Zwei Tage arbeitete ich am Nachmittag in der Filiale Hallerstraße. So hatte ich viel Zeit, am Tag über mein Leben nachzudenken und wie es weitergehen sollte. Zeitweise hatte ich noch kleinere Nebenjobs, aber ich empfand sie als Zeitverschwendung. Bei der Bäckerei blieb ich 16 Jahre und mochte diese Arbeit eigentlich sehr, denn ich hatte viel Bewegung und war nicht acht Stunden am Stück durch die Arbeit gefangen. Es war so etwas wie eine kleine Freiheit.

Ich wollte mehr vom Leben als nur arbeiten. Ich wollte lernen. Aber was sollte ich tun? Ohne Schulabschluss war es nicht möglich, sich weiterzubilden. Mahmut versuchte, sich immer mehr in die Erziehung der Kinder einzumischen. Plötzlich hatte er Zeit und versuchte all das, was er vernachlässigt hatte, nachzuholen. Ich war der Mittler zwischen den Kindern und meinem Mann und es lief immer auf einen riesengroßen Streit hinaus. Waqar und Yasmin hörten nicht mehr auf ihren Vater – sie waren 15 und 17 Jahre alt – und sie steckten mitten in der Pubertät.

6. Meilenstein

Wenn etwas schwerfällt, man aber nicht aufgibt und sich nach jedem Krümel Erkenntnis bückt, dann wird das Schwere leichter.
Die Erkenntnis ist gewachsen.

Ich wurde aufmerksam mir selbst gegenüber und weigerte mich, jämmerliche, kleinmachende Gedanken zu denken. Ich gab ihnen keinen Raum mehr. Sie verloren ihre Kraft und lösten sich schleppend auf. Die mächtige Erkenntnis, dass nichts so bleiben muss, wie es ist, und dass ich es bin, die es ändern kann, war ein großer Meilenstein auf meinem Weg. Aber Erkenntnisse sind oft flüchtig wie Wassertropfen auf einem heißen Stein. Sie ziehen vorüber und lassen nur eine Ahnung zurück. Die Frage, die mich bewegte, lautete: Steckt hinter solchen Erfahrungen die Lebensaufgabe? Kann es sein, dass uns das lebenslange Lernen schon bei der Geburt mitgegeben wird? Wenn das so ist, kann jeder den Irrweg verlassen und aus dem Teufelskreis der Worte ausbrechen. Wer das tut, wird hinterher merken, dass nichts mehr so ist, wie es mal war. Hoffnung tritt an die Stelle der Verzweiflung.

Es war mühsam, den Weg aufzuspüren. Das Leben hielt diese anstrengende Lektion für mich bereit. Nie hätte ich gedacht, dass das Leben das Schreiben von mir einfordert und ich diese Forderung erfüllen kann – aus einem inneren Bedürfnis heraus erfüllen muss.

Als Kind besaß ich nur ein einziges Buch, das hatte mir meine Oma geschenkt. Abends im Bett las ich mühsam darin.

Danach legte ich es ordentlich unter mein Kopfkissen und stellte mir vor, dass ich die kleine, fröhliche Tänzerin darin wäre, die mit ihren wunderschönen Bewegungen auf der grünen Wiese tanzte.

Weil ich keine Übung im Lesen hatte und auf Kriegsfuß mit dem geschriebenen Wort stand, habe ich dieses Buch niemals richtig durchgelesen. Doch ich hütete es wie einen großen Schatz.[2]

Heute füge ich freiwillig Buchstaben zu Wörtern zusammen. Sie weigern sich nicht mehr, auf dem Papier zu erscheinen. Früher waren Wörter schwarze Zeichen auf weißem Papier und wirbelten in meinem Kopf herum. Die Unsicherheit war groß, und wenn ich sie aufschrieb, kritzelte ich sie wieder zu. Es war so, als ob die Buchstaben nicht gemeinsam als ein Wort erscheinen wollten. Die einzelnen Buchstaben konnte ich nicht sehen. Meine Aufmerksamkeit verabschiedete sich. Oft merkte ich nicht, dass ich die Wörter gleich zweimal hintereinander in verschiedenen Variationen aufschrieb. Als aufgewecktes, kreatives Kind war ich für die Schrift wie blind. Schon bald wurde ich bei allem, was mit Schreiben zu tun hat, von Panik ergriffen. Mir brach der kalte Schweiß aus und ich hoffte, dass sich der Boden unter meinen Füßen auftun würde, um mich für immer zu verschlucken. Damit die Pein endlich ein Ende hat. Die Schwierigkeit mit der Schrift zog sich wie Kaugummi durch mein Leben.

Ich zweifelte an allem. An jedem Menschen, an jedem Lachen und an jedem fröhlichen Gesicht. Ich bezog immer alles auf meine Schwäche und fühlte mich ausgelacht. Ich fragte mich:

---

[2] Vgl. Karin Ahmad-Moering, Buch „Im Labyrinth der Buchstaben", Seite 86–90

„Warum bin ausgerechnet ich so blind für Wörter? Was soll das Gute daran sein?" Nichts ist daran gut. Wenn man mich als Kind gefördert hätte, statt auszugrenzen, wäre mein Leben vielleicht ganz anders verlaufen. Dann hätte ich das Problem mit der Schrift nicht ein Leben lang hinter mir herschleppen müssen. Jeder kann lesen und schreiben lernen, wenn er geistig gesund ist. Ich habe mir selbst das Schreiben beigebracht. Sicher mache ich noch Fehler, aber weil mein Selbstvertrauen gewachsen ist, ist es nicht mehr so schlimm für mich.

Heute kann ich mühelos mein Denken und Handeln in geschriebene Worte verwandeln. Wenn ich den Stift in die Finger nehme, das weiße Papier unter den Händen spüre oder auf meinem PC in die Tasten haue, ist es für mich oft noch wie ein Wunder. Ich brauche nicht mehr über die Buchstaben nachzudenken und fange einfach an zu schreiben, so als hätte ich damit niemals Probleme gehabt.

Vielleicht ruhte diese Fähigkeit von Anfang an in mir und wartete nur darauf, von mir befreit zu werden. Aber wenn es doch mal wieder passiert, dass ich für Buchstaben und Wörter wie blind bin, empfinde ich das nicht mehr als schlimm. Ich kann mein Geschriebenes einfach so in die Welt schicken, ohne tagelang darüber nachzudenken. Die Rechtschreibkorrektur von Word hilft, die gröbsten Tippfehler zu beseitigen, und wenn etwas gedruckt werden soll, ist es auch für Autoren ohne Lese- und Rechtschreibschwäche normal, den Text gegenlesen zu lassen. Heute habe ich keine Probleme mehr damit, offen über meine Schwäche zu reden. Früher hingegen knebelte mich schon der Gedanke, dass ich etwas verkehrt geschrieben haben könnte. Das legte meine Fröhlichkeit in Ketten. Kein einziges Lächeln brachte ich zustande, nicht ein einziges Wort kam aus meinem Mund. Wenn ich nicht sprach, wurde ich auch nicht auf meine Fehler angesprochen. Darum habe ich mich allem verschlossen. Das war meine stumme Selbstverteidigung.

Die Jahre vergingen. Im Umgang mit Büchern war ich 1996 schon richtig mutig. Ich spürte, dass es so weit war. „Ich werde zum Lernen die Wohnung verlassen", sagte ich mir. Der Gedanke, ich muss mir mehr Wissen aneignen, tauchte ständig auf. Nach wochenlangem Grübeln kam mir die öffentliche Bücherhalle als Lernort in den Sinn. „Dort ruht das Wissen der Welt, davon will ich auch ein Stück!", sagte ich mir. Ich entschied, einen Nachmittag in der Woche dorthin zu gehen. Dort konnte ich alles kostenlos durchstöbern. Ich fühlte mich wie im Paradies. Beim ersten Mal blieb ich nicht lange und stöberte nur bei Psychologie, Kunst und Pädagogik. Beim zweiten Besuch grenzte ich die Suche noch mehr ein und entschied mich für die Zufallsmethode. Das erste Buch, das ich aus dem Regal nahm, musste ich bearbeiten. Ich übte mich in Disziplin und entschied schon vorher, in welchen Gang ich gehen würde.

Dann nahm ich ein Buch aus dem Regal, las den Titel, das Inhaltsverzeichnis und blätterte das Buch so lange durch, bis ich eine spannende Stelle fand. Dann begann ich zu lesen und es abzuschreiben. Ich hoffte, mit dieser Aktion mein Schneckenhaus verlassen zu können. Ich hatte das Gefühl, dass sich jeder fragte: Was macht die denn da? Dieses Gefühl befahl mir, frühzeitig zu gehen. Mir kam der Gedanke, dass ich dieses Verhalten, das mich zum Rückzug animierte, ausschalten musste. Ich war schon 42 Jahre alt und der Samen der Ungerechtigkeit, der durch meine unmotivierten Lehrer vor 33

Jahren in mir eingepflanzt worden war, hatte so viele Wurzeln geschlagen, dass er mich immer noch beeinflusste.

Es war mühsam, sie auszureißen, doch meine Bemühungen trugen Früchte. Ich merkte, dass ich selbstsicherer im Schreiben geworden war. Eine Spaltung im Denken hatte sich entwickelt. Einerseits war ich sicher, andererseits wurde ich durch Blicke oder Gesten anderer Menschen manchmal so verunsichert, dass ich wieder in mein altes Denkmuster zurückfiel.

Früher sagte ich mir bei meinen Selbstgesprächen, dass ich nichts kann und es auch nicht schaffen werde. Mittlerweile kommt das nur noch sehr selten vor. Denn es sprach mich nie jemand darauf an. Mein Gefühl hatte nicht recht und ich weiß jetzt, dass die Blicke und Gesten der anderen nicht immer mit mir zu tun haben.

Nachdem die Aufregung geschrumpft war, hatte ich Spaß am öffentlichen Schreiben und war zur Wortjägerin geworden. Diese Erfahrung fügte ich in meinen lernenden Lebensweg ein. Es war ein gutes Experiment und eins von vielen. Das alles wurde möglich, weil ich als junge Frau im Kaufhaus auf dem Grabbeltisch ein Buch gefunden hatte. Damals war ich zwanzig Jahre alt, ein Leben voller Lernaufgaben lag noch vor mir. Und ich nahm jede einzelne Lernaufgabe an. Ganz gleich, wie schwer sie war und was sie kostete. Geld konnte ich immer irgendwie verdienen. Ich wollte unbedingt meinen Anteil vom Bildungskuchen und kaufte mir meine Stücke selbst. Heute bin ich der Meinung, dass Grundbildungskurse für alle, die in der Schule nicht richtig lesen und schreiben gelernt haben, kostenlos sein sollten.

7. Die Herausforderung

*Sie zeigt uns, wer wir sind,
zeigt den Weg, zeigt die Freude
und den Schmerz.*

Das Leben war 1998 sehr aufwühlend. Ich spürte, dass sich einiges ändern würde. Ich bekam die allerschwerste Aufgabe meines Lebens.

Eines Tages kam mir ein Flyer von der Volkshochschule Hamburg in die Hände, worauf stand, dass man den Hauptschulabschluss nachholen könne. Die Flammen der Begeisterung erwachten in mir, und als ich zu Hause war, brannten sie lichterloh. Ich war Feuer und Flamme und rief sofort dort an. Man sagte mir, dass die Unterrichtszeit von 8 bis 13 Uhr sei. Das passte aber nicht mit meiner Arbeitszeit zusammen, die bis 10 Uhr ging.

Die Beraterin des Grundbildungszentrums Hamburg spürte wohl meine Enttäuschung und sagte, dass ich mich ebenso an die „Freie Schule Hamburg" wenden könne. Dort wäre der Unterricht von 10 bis 15 Uhr und jeder könne kommen, wann er wolle. Es gäbe keine Klassen im ursprünglichen Sinne. Sie gab mir die Telefonnummer und ich rief sofort an. Als ich auflegte, plapperte es in meinem Kopf: „Was denkst du denn, wer du bist? Du weißt doch, dass das nicht möglich ist. Und was willst du überhaupt mit so einem Abschluss? Du machst dich lächerlich." Der Gedanke, dass es nicht möglich sein sollte, den Schulabschluss nachzuholen, plagte mich. Er war Bestandteil der Botschaft, die mir die Lehrer in der Sonderschule mit auf den Lebensweg gegeben hatten. Ich ließ ihn plappern und rief erneut an und regelte alles. Im Januar 1998 begann ich dann an der „Freien Schule". Es war die größte Herausforderung meines Lebens.[3]

Ständig musste ich über meine eigenen Grenzen gehen. Um zu lernen, stand ich mitten in der Nacht auf. Oft war ich übermüdet und nickte wieder ein. An solchen Tagen zweifelte ich an meinem Erfolg und fuhr deprimiert um Viertel nach vier zur Arbeit.

Meine Arbeit beim Bäcker bestand darin, die Bestellungen für die Filialen und den Laden zu packen. Anschließend bereitete ich den Laden für den Verkauf vor und bediente die ersten Kunden, die vom Geruch der frischen Backwaren angelockt wurden. Ich mochte diese Arbeit, weil ich eine Menge Bewegung und durch die frühe Arbeitszeit viel Freiraum hatte. Meine Arbeitszeit ging bis zehn Uhr. Dann fuhr ich mit dem Fahrrad zum Dammtor-Bahnhof und mit der S-Bahn nach Wilhelmsburg zur „Freien Schule". Ich lernte dort zwei bis drei Stunden und machte mich wieder auf den Rückweg. An zwei Nachmittagen in der Woche stand ich noch zusätzlich hinter der Theke und verkaufte Brot, Brötchen und Kuchen.

Durch den Schlafmangel kam ich jedoch an die Grenzen meiner Belastbarkeit. Ich war oft versucht aufzugeben, tat es aber nicht. Denn ich hatte Jahre vorher eine Vereinbarung mit mir getroffen, die besagte: Alles, was ich anfange, muss ich beenden. Oftmals musste ich mich zum Lernen zwingen. Und dennoch erfuhr ich in diesem einen Jahr so viel von der Welt, was mir bis dahin verschlossen geblieben war. Lernen war

---

[3] Vgl. Karin Ahmad-Moering, Buch „Im Labyrinth der Buchstaben", Seite 153–162

zum Abenteuer geworden. Es begeisterte mich. Viele Aufgaben beflügelten mein Denken.

Mahmut, mein Mann, steuerte in der Mitte des Jahres 1998 eine Veränderung an. Er wollte nicht länger mein Ehemann sein und ging nach 21 Ehejahren. Uns hatten bis dahin nur unsere Streitereien zusammengehalten. Nun waren die Kämpfe ausgestanden. Nächtelange Diskussionen um Kleinigkeiten lagen hinter mir. Es gab keinen Gewinner. Wir hatten unsere Ehe verloren und gingen getrennte Wege. Doch er ließ unsere Welt nicht in Scherben zurück. Die Kinder und ich lebten unser Leben ohne ihn in Ruhe weiter. Obwohl Mahmut immer in seine Heimat zurückkehren wollte, ist er bis heute nicht nach Pakistan zurückgekehrt. Ihm hat immer das Geld gefehlt.

Yasmin machte im Sommer 1998 ihr Abitur und gleichzeitig erhielt auch Waqar, der mit 16 Jahren von der Schule abgegangen war und eine Ausbildung zum Einzelhandelskaufmann abgeschlossen hatte, sein Abiturzeugnis an der Abendschule.

Ein halbes Jahr später wurde das Unglaubliche wahr: Ich wurde im Februar 1999 zur Prüfung zugelassen und kurze Zeit später hielt ich dann mit 45 Jahren den Hauptschulabschluss in Händen. Mir wurde bewusst, wie sehr die fehlenden Wissenssteine all die Jahre mein Verhalten geprägt hatten. Das Bildungssystem hatte sich zum Erlebnissystem gewandelt.

Ich hatte am eigenen Leib erfahren, dass das Gehirn eines Erwachsenen noch lernfähig ist, und so konnte ich die Aufgabe mit der Schrift, die man mir zu Beginn meiner Schulzeit zugeschoben hatte, bewältigen. So habe ich die falschen

Informationen über mich selbst durch mein eigenes Denken und Handeln gelöscht.

In meinem privaten Umfeld wusste niemand, dass ich nochmals die Schulbank gedrückt hatte. Und natürlich kannte auch niemand meine Vorgeschichte. Es hätte auch nichts geändert, ich wäre dadurch kein anderer Mensch geworden.

Nun hatte ich zwar den Schulabschluss, aber wenn ich unter Menschen war, trug ich immer noch das Gefühl der Unzulänglichkeit und Sprachlosigkeit mit mir herum. Es war wie ein Virus, das immer wieder ausbrach. Oft fühlte ich mich fürchterlich und merkte, dass mir immer noch Grundsteine fehlten, die Wissenssteine nämlich, die mir am Anfang der Schulzeit verwehrt wurden.

Nach diesem einen Jahr des Lernens waren meine Schreibschwierigkeiten natürlich nicht überwunden. Dennoch bereicherte dieser Abschluss mein Leben sehr. Langsam löste sich die innere Erstarrung. Hoffnung trat an die Stelle von Verzweiflung.

Ich versuchte, so gut ich konnte, authentisch zu sein, obwohl ich nicht über meine Schulzeit sprach. Oft dachte ich nach und fragte mich, ob es eine Lüge, eine Lebenslüge wäre, wenn ich nicht darüber spreche. Ich beschloss, dass die Vergangenheit keine Macht mehr über mich haben sollte. Um Ruhe zu haben, musste ich den Rest dieser Aufgabe für immer erfüllen. Vier Monate, nachdem ich den Hauptschulabschluss gemacht hatte, suchte ich erneut den Weg des Lernens. Ich wollte etwas, das mich innerlich erfüllen und mir Flügel verleihen sollte. Es war wohl so weit, die graue, kalte Welt der Schulzeit, in der ich mich immer noch gefangen fühlte, zu verlassen.

Ich wurde schnell fündig bei der Kunstschule Mittelweg. Nach dem Aufnahmegespräch stand für mich schnell fest, was ich in den nächsten fünf Jahren lernen wollte. Es gab keine Aufnahmeprüfung, nur ein Gespräch, wo ich glaubhaft darstellen musste, warum ich Kunsttherapie studieren wollte. Ich sagte, dass „die Malerei das Vermögen habe, das Unaussprechliche sichtbar zu machen", und dass ich mich damit einbringen wollte. Dieses Gespräch verlieh mir Leichtigkeit und ich suchte nicht mehr die Mängel in der Vergangenheit. Ich sah ein neues Leben vor mir.

Um die Ausbildung Anfang September zu beginnen, musste ich meine Arbeitszeit umstellen. Denn an der Kunstschule Mittelweg gab es feste Unterrichtszeiten. Ich krempelte mein Leben total um. Woher ich den Mut für das alles nahm, weiß ich bis heute nicht. Er war einfach da, als ich mein Leben nicht mehr von meiner Angst bestimmen lassen wollte.

Meine Chefin war nicht begeistert, als ich mit ihr über meinen Plan sprach. Sie sagte, dass ein Volkshochschulkurs in Kunst und Malerei doch sicherlich ausreiche, aber bald spürte sie meine Entschlossenheit. Nach langem Gerede und mit knirschenden Zähnen schaute sie mich skeptisch an. So als wolle sie sagen: Das ist doch viel zu viel für dich. Aber es blieb ihr nichts anderes übrig. Sie stellte meine Arbeitszeit nach meinen Wünschen um. Auf keinen Fall wollte sie ein Arbeitstier wie mich verlieren. Wir einigten uns, dass ich ab dem 1. September von 4.30 Uhr bis 8.00 und Montag, Mittwoch und Donnerstag von 14:00 bis 18:30 Uhr arbeiten würde. So konnte ich in aller Ruhe zur Kunstschule am Mittelweg gehen.

Ab September 1999 teilte ich einen Klassenraum von 8:30 Uhr bis 13:00 Uhr mit fünfzehn Studentinnen. Die meisten waren sehr viel jünger als ich, aber das Alter spielte keine

Rolle. Wir hatten alle ein Ziel und waren gemeinsam auf dem Weg. Das verband uns. Täglich offenbarte sich mir eine neue Welt und ich verschwendete keinen Gedanken mehr an meine Lernschwierigkeiten.

Nachmittags war ich dennoch froh, Brot und Brötchen zu verkaufen. Ich gönnte meinem Verstand dadurch eine Pause und verdiente nebenbei den Unterhalt für meine Kinder und mich. Für mich war es einfach, meine Gedanken an den theoretischen Unterricht auszuschalten. An zwei Tagen in der Woche brauchte ich am Nachmittag nicht zu arbeiten. In diesen Stunden lernte ich für das Studium. Das war eine tolle, aber enorm aufwühlende Zeit. Ich würde den Weg jedoch immer wieder gehen.

Das Schreiben des Studienbuchs war nicht ganz einfach. Jedes Thema, das wir durchnahmen, musste kurz zusammengefasst werden. Mit wenigen Worten den Inhalt des Gelernten wiederzugeben, war eine gute Übung für mich. Jedes Thema musste schriftlich durchleuchtet werden. Wir sollten darlegen, wie ein Bild entsteht, welche Farben welche Bedeutung haben, wie sie wirken und worauf beim Klienten zu achten ist. Viele Nächte saß ich daran und suchte mir die richtigen Wörter für den jeweiligen Text zusammen. Es war zeitintensiv, aber gehörte einfach dazu. Für mich war das eine schöne Herausforderung und ich machte es sehr gern.

Einige, die mit mir die Ausbildung angefangen hatten, hörten wegen Geldmangels oder anderer Widrigkeiten vorzeitig auf. Ich war im Jahr 2001 47 Jahre alt und brauchte, um das Studiengeld aufzubringen, einen Nebenjob. Also suchte ich mir etwas für das Wochenende und fand im Altenheim eine Arbeit als „Küchenfee". Dabei lernte ich viel über Menschen. Es war wie eine Ausbildung in Menschenführung. Ich glaube, dass ich dort einen Teil meines beruflichen Fundaments legte.

Obwohl ich im Altenheim nur für die Ausgabe des Essens zuständig war, war es am Anfang oft bedrückend. Ich fühlte mit den alten Menschen und setzte mich mit meiner eigenen Vergänglichkeit auseinander. Dann suchte ich immer mehr das Gespräch mit den alten Menschen. Diese Arbeit wurde zu einer sehr beglückenden Aufgabe. Die Menschen, die dort lebten, brauchten dringend Seelennahrung durch ehrliche, aufbauende Worte.

Nachdem nach zwei Jahren diese Stelle gestrichen wurde, bewarb ich mich als ehrenamtliche Helferin bei der Hamburgischen Brücke, einer Beratungsstelle für ältere Menschen und ihre Angehörigen. Ich besuchte Menschen mit Demenz, die noch mit ihren Angehörigen zu Hause lebten. Der Sinn davon war, dass die Angehörigen in der Woche zwei bis drei Stunden für sich hatten, um Kraft zu schöpfen. Dafür gab es eine Aufwandsentschädigung, die für das Fahrgeld gedacht war, von 5,50 Euro in der Stunde. Da ich immer mit meinem Fahrrad unterwegs war, bekam ich auf diese Weise ungefähr 100 Euro im Monat zusammen. So konnte ich damit und mit dem Ersparten, das ich im Altenheim verdient hatte, das Studiengeld bezahlen. Diese Tätigkeit brachte mir nicht nur Geld ein, sondern weckte in mir die Hoffnung, dass diese Erfahrungen und Kenntnisse, die ich dort gewann, gut für meine Abschlussarbeit zu gebrauchen wären. Aber ich wusste noch nicht so genau, wo ich hinwollte.

8. Es prägte mich

Mit der Zeit wird es besser.
Die Verbesserungen kamen
unmerklich durch die Hintertür.
Sie waren scheinbar
plötzlich da.

Die Jahre vergingen und mit 50 Jahren war ich vom Lernen geprägt. Früher hatte ich gegen vieles gekämpft. Ich hatte mir eingeredet, dass ich nicht mehr könne. Außerdem war ich ein Menschenfeind gewesen, der keinen freundlichen Gedanken für andere übrig gehabt hatte. Je länger ich auf dem Weg war, umso mehr löste sich diese Feindseligkeit in mir auf. Ich merkte, dass die Menschen, mit denen ich zu tun hatte, nichts gegen mich hatten, und war oft erstaunt darüber, dass sie mir freundlich gegenüberstanden. Ich versuchte, den Punkt zu finden, ab wann sich das Verhalten der Menschen mir gegenüber verwandelt hatte und sie mich nicht mehr von oben bis unten abschätzig anschauten. Diesen Punkt habe ich nie gefunden. Denn es änderte sich schleichend. Aber ich glaube, weil ich nicht mehr mein eigener Feind war, konnten sich auch die anderen mir gegenüber normal verhalten. Ich sendete keine feindlichen Gefühle mehr aus und wurde zum Menschenfreund. Ohne diese Verwandlung in mir wäre mein Weg nicht möglich gewesen.

Es stand noch die große schriftliche Abschlussarbeit an, die ich an der Kunstakademie Hamburg präsentieren musste. Ich wusste, dass ich mich beim Schreiben um hundert Prozent verbessern musste. Daher nutzte ich das freie Studienjahr, das wir hatten, um unseren therapeutischen und künstlerischen Weg zu finden. Ich nahm mir die Zeit, um meine Schreibfähigkeit zu verbessern.

Am Anfang war es fast so, als ob ich mich selbst von meinem Vorhaben abbringen wollte. Ich sah dem Aufnahmegespräch im Grundbildungszentrum Billstedt zunächst gelassen entgegen. Aber je näher der Termin kam, umso unruhiger wurde ich. Die Sommertage schlichen nur so dahin, ein Gefühl des Unbehagens machte sich in mir breit. Dann war es endlich so weit, nach der Arbeit machte ich mich auf den Weg zum Grundbildungszentrum.

Das Aufnahmegespräch war schrecklich. Die Nervosität wühlte mich auf, mein Gesicht glühte, die Hände zitterten. Klare Gedanken konnte ich nicht mehr denken. Ich war zum Spielball meiner Verwirrung geworden. Doch dann hatte ich den Kurstermin in der Tasche und fuhr zufrieden nach Hause.

Je näher das Anfangsdatum für den Kurs kam, umso mehr zweifelte ich an der Richtigkeit meiner Entscheidung. Diese Zweifel schlichen sich in meinen Kopf und wurden zur Achterbahn. Mit meinen Gefühlen ging es auf und ab. Ich hatte keine andere Wahl, ich musste mit 51 Jahren schon wieder die Schulbank drücken. Es war für mich nicht einfach, aber um meine Abschlussarbeit schriftlich niederzulegen, war es nötig, mich im Schreiben zu verbessern. Ich sagte mir: „Ich will für immer und alle Zeiten meine Unzufriedenheit über meine Schreibschwierigkeiten ausmerzen." In diesem Grundbildungskurs hatte ich gleich am ersten Tag ein Erlebnis, das zu meinem Leitbild wurde: Als ich das Klassenzimmer betrat, sah ich eine Frau, die mit einem Stück Kreide in der Hand an der Tafel stand. Sie schrieb ganz gelassen Wörter auf eine große, grüne Wandtafel. Das nahm mir die Aufregung, weil ich sah, dass auch andere ihre Aufgabe mutig selbst in die Hand nahmen.

Das Lernen war jetzt ganz anders als an der „Freien Schule". Dort hatte ich meistens für mich alleine gelernt. Doch in diesem Kurs gab es eine richtige Klassengemeinschaft zwischen den sieben Teilnehmenden. Wir lernten dort mühsam, was wohl die meisten kleinen Kinder in der Schule mühelos lernen. Wir lernten lesen und schreiben. Und ich sah, dass ich gar nicht so schlecht war. Ich musste mich nur noch besser konzentrieren. Es gab Menschen, denen das Schreiben noch viel schwerer fiel als mir. Zusätzlich entschied ich mich, auf der Internetplattform www.ich-will-lernen.de zu lernen. So kamen Tropfen der Selbstsicherheit in mich hinein und füllten mich aus.

Aber dann war mir wieder, als ob die Entscheidung zum Lernen einen alten Koffer voller Erinnerungen geöffnet hätte. Meine Gefühle ließen in mir alle möglichen Bedenken des Nichts-Könnens aufkommen. Es war ein erneuter Kampf, den ich gegen mich führte. Doch ich hielt durch. Dieser schwierige Weg war nötig, um die kunsttherapeutische Abschlussarbeit schreiben zu können. Und weil ich den Schwur aus der Kindheit gebrochen hatte und die Pflicht, bis ans Ende meiner Tage zu lernen, vom Leben angenommen hatte, musste ich durch diese Berg- und Talfahrten hindurch.

Eigentlich wollte ich schon mit 50 Jahren fertig sein. Aber durch das freie Studienjahr und die Praktika dauerte es zwei Jahre länger. Als ich dann endlich die Abschlussarbeit schrieb, war ich schon 52 Jahre alt. Ich machte den Abschluss mit dem Förderschwerpunkt „Geistige Entwicklung". Dazu arbeitete ich kunsttherapeutisch mit zwei Kindern. Ich merkte, dass ich durch meine Arbeit etwas bewegen konnte. Die schriftliche Arbeit war nun keine Hürde mehr. Ich hatte mich gut darauf vorbereitet und suchte mir am Ende einen Menschen, der die Fehler in meinem Text korrigierte, die Bilder einfügte und alles in Form brachte. So ist eine ansehnliche Abschlussarbeit zustande gekommen, die sich sehen lassen kann. Die Jahre des Lernens prägten mich und meine Denkweise.

9. Du Mensch

Folge Deinem eigenen Weg.
Denke Deine eigenen Gedanken.
Interessiere Dich nicht für andere Meinungen.
Die Menschen haben keine Ahnung von Dir.

Vielleicht wird es Dir auch so wie mir gehen: Wenn Du mehr an Deine Wünsche als an Deine Zweifel denkst, fühlst Du, dass mehr in Dir steckt. Du wirst überrascht sein, dass Deine Widerstände nicht mehr so stark in Dein Leben eingreifen. Auf einmal glaubst Du, dass Du es schaffst, und hast Kraft, Zukunftspläne zu schmieden. Träume lassen Zweifel schrumpfen. Indem Du sie verfolgst, wirst Du Stück für Stück weiterkommen. Dann hast Du Deine Grenzen erweitert und kannst Dir neue Aufgaben stellen und vielleicht einen neuen Weg einschlagen.

Vor Jahren habe ich ein Zitat gehört: „Wege entstehen, indem wir sie gehen." Ich dachte damals sehr viel darüber nach, konnte es aber nicht verstehen. Als ich mich schon lange auf meinem eigenen Entwicklungsweg befand, erkannte ich, was damit gemeint ist.

In den 1970er Jahren arbeitete ich als Hilfsarbeiterin. Damals fiel mir ein Buch, das meine Aufmerksamkeit an sich riss, in die Hände. Ich wollte das Geschriebene unbedingt richtig begreifen und schrieb Sätze, Absätze und später ganze Seiten ab. Dadurch änderte sich mein Leben schleichend. Aber in meiner Fabrikarbeiterwelt gab es keinen Weg, es gab keine Chancen, mich weiterzuentwickeln. Ich hatte das Gefühl, verdammt zu sein und ein Leben lang dahinvegetieren zu müssen. Damals hatte ich keine Vorstellung, was die Entscheidung, Wörter abzuschreiben, nach sich ziehen kann. Wenn ich heute darüber nachdenke, ist es für mich wie ein Wunder. Meine Bemühungen zum Lernen öffneten neue Wege, alte schlossen sich. Mein lernender Lebensweg zeigte sich erst nach vielen Jahren und konnte nur entstehen, weil ich am Anfang des Weges das Abschreiben von Wörtern wählte. Eins griff ins andere. Als ich etwas schreiben und lesen konnte, wollte ich mehr. Und so ging es immerfort. Es war wie bei einem Zahnrad, das sich in Bewegung setzt. Eins greift ins andere und bringt etwas in Bewegung.

Mit dem Buch vom Wühltisch begann vor mehr als 40 Jahren mein lernender Lebensweg. Das Lernen öffnete mir immer wieder neue Wege.

„Wege entstehen, indem wir sie gehen."

Wo mich das Buch hinführen würde, ahnte ich nicht. Die Arbeit mit dem Buch prägte mein Denken und mein Handeln. Dadurch brachte ich mir das Lesen und Schreiben selbst bei. Mein Denken suchte seltener Probleme, sondern hielt nach Lösungen Ausschau. Seltsamerweise habe ich das erst viele Jahre später erkannt und ich spürte, dass ich zu dieser Zeit bereits den Samen zum Mutigsein ausgesät hatte.

Wenn Wünsche in Zweifeln ertrinken, Du aber dennoch versuchst, Deine Vision zu leben, säst Du winzige Traumkörner aus. Wenn Du Deinen Weg gefunden hast, wird sich vieles in Deinem Leben verändern. Wunschträume sind da, um gelebt zu werden. Aufgaben sind da, um erfüllt zu werden. Die Schrift ist da, um angewandt zu werden. Deine Lebensaufgabe ist da, um gefunden und erfüllt zu werden. Sei mutig, Du weißt, Mut ist der größte Feind der Angst.

10. Beharrlichkeit

Die Selbstzweifel sprachen:
Mach das nicht!
Wer bist Du denn,
dass Du denkst:
Ich kann es schaffen!

Wenn wir unser Leben besser leben wollen, hilft uns ein Ziel. Wir brauchen unser Denken nur ein wenig zu verändern. Das erweitert unsere Grenzen. Die Selbstgespräche, mit denen wir uns einreden, dass alle anderen es besser haben, bringen uns nicht weiter. Der Gedanke, dass für uns alles unerreichbar und zu teuer ist, hindert uns daran, weiterzumachen. Es ist gut, wenn wir uns selbst herausfordern. Ich habe es immer getan und werde es bis ans Ende meiner Tage tun.

Es gibt so viel zu lernen. Vielleicht hast Du ein Hobby. Wenn Du keins hast, suche Dir eins. Oder beobachte die Natur, da gibt es immer etwas zu lernen. Fange an zu malen, zu basteln oder irgendetwas anderes zu tun, woran du Spaß hast. Denk Dir etwas aus, notiere alles auf einem Zettel und leg ihn gut sichtbar auf den Küchentisch, damit Du jeden Tag daran erinnert wirst. Hauptsache ist, dass Du etwas machst. Um Deinem Leben eine neue Richtung zu geben, brauchst Du Deinen Willen und etwas Mut. Mut kann man trainieren. Fang mit kleinen Dingen an. Zum Beispiel sagst Du Dir am Morgen: „Heute Abend werde ich einen Satz lesen." Dann schreibst oder malst Du den Vorsatz auf, damit Du ihn bis zum Abend nicht vergessen hast. Wenn Du Deine Aufgabe, die Du Dir am

Morgen gestellt hast, erfüllst, stärkst Du automatisch Deine Durchhaltekraft und Dein Selbstwertgefühl. Manchmal ist das nicht so einfach. Unser Denken mag keine Veränderungen. Das gewohnte Denken hält uns fest. Irgendetwas in uns plappert: „Das ist doch Unsinn! Lass das doch!" Wenn sich etwas verändern soll, darf man sich nicht aufhalten lassen, sondern man muss den Weg beschreiten.

Auch wenn Du nur ein bisschen schreiben kannst, kannst Du Dich selbst weiterbringen, und gerade dann ist es so wichtig. Schreiben und lesen lernen ist immer und überall möglich. Du kannst Dein altes Denkmodell, das Dir immer wieder einreden will, dass Du zu den Verlierern gehörst, verlassen und anfangen. Es ist Deine Entscheidung, und wenn Du kein Geld hast, geh auf die Suche: Überall findest Du geschriebene Wörter. Nimm alte Zeitungen oder Broschüren, die irgendwo herumliegen, und schreibe die Sätze ab. Markiere sie mit einem Stift und bearbeite sie so lange, bis Du sie verstanden hast. Streiche Wörter an, die Du nicht kennst. Zögere nicht, Du darfst das. Du bist Dein eigener Lehrer. Zum Schluss klebe Dir die Artikel, mit denen Du Dich beschäftigt hast, in ein Heft. Wenn Du keins hast, bastele Dir eins. Wenn Du es später anschaust, wirst Du Dich wundern, was Du gelernt hast. Dafür brauchst Du kein Geld, sondern nur Deinen Willen, Deine Geduld und Deine Durchhaltekraft. Warte nicht.

Wenn Du schon mehr kannst, geh einfach in die öffentliche Bibliothek. Dort kannst Du kostenlos in Büchern lesen oder Texte abschreiben. Vielleicht hast Du Dir dieses Buch gekauft oder ausgeliehen oder geschenkt bekommen. Du hast bis hierher gelesen oder das Buch aufgeschlagen und bist auf diese Seite gekommen. Du liest und verstehst den Text, darum denke ich, dass Du so weit bist.

Nutze die Zeit und lass sie nicht ungenutzt verstreichen. Du hast nur dieses eine Leben und vielleicht Lernen als Aufgabe mitbekommen. Möglicherweise kannst Du sie lösen. Es liegt bei Dir. Vielleicht sagst Du: „Das ist eine blöde Aufgabe." Ja, da hast Du recht, das ist es. Am Anfang ist sie wirklich blöde. Aber was soll's? Du hast sie nun mal, und wenn Du lange genug dabei bleibst, macht Lernen Spaß. Wenn Du bemerkst, dass Du lernen kannst, ändert sich alles. Je mehr Du lernst, umso leichter wird das Leben. Mach es zu Deinem Lernprojekt. Überall stehen Wörter. Trage ständig Papier und Stift mit Dir herum, versuche aus der Erinnerung, dieses Wort zu schreiben. Zerlege es und schau, wie es geschrieben wird, und dann mach ein neues Wort daraus. Wenn Du fertig bist, schneide Deinen geschriebenen Text aus, klebe ihn in Dein Heft und gestalte Dir Dein eigenes Lehrbuch.

Wir stehen nicht alleine da. Ganz bestimmt sind wir gar nicht „blöde". Aber wir müssen losgehen und nichts dem Zufall überlassen. Es ist möglich, zu gewinnen. Es ist möglich, zu verlieren. Und es ist möglich und nötig, immer wieder von vorne anzufangen. Gleichgültig, welchen Weg Du zum Lernen nimmst. Die Hauptsache ist, dass Du beginnst.

11. Von Gewinnern lernen

*Wenn wir unser Leben
so leben, wie andere es wollen,
und uns auf Gespräche einlassen,
die uns erdrücken,
erdrücken wir
unsere aufbauenden
Ideen.*

Es gab Zeiten, da war ich sehr skeptisch und misstrauisch. Nicht nur anderen Menschen gegenüber, sondern auch mir selbst gegenüber. Ich war wie ein wildes Tier und verbiss mich in Kleinigkeiten, die meiner Meinung nach nicht stimmten. Ich hatte den Hauptschulabschluss gemacht und mein Studium an der Freien Kunstschule abgeschlossen, war aber dennoch nicht zufrieden mit mir. Vielleicht kam mir deshalb der Gedanke: Andere Menschen haben es auch geschafft, aus schwierigen Situationen herauszukommen. Deshalb würde ich es auch schaffen.

Ich begann meine Suche nach Menschen mit außergewöhnlichen Schicksalsschlägen. Das war für mich der Zeitpunkt, an dem ich beschloss, meine Aufgabe mit der Schrift endlich wirklich anzunehmen und mich nicht ständig als Opfer des Schulsystems zu sehen. Schließlich hatte ich einen gesunden Körper. Ich musste nur das Gedanken-Karussell, das mich immer wieder durchrüttelte, zum Stillstand bringen.

Die Frage ist nur: Wie kommen wir an aufbauende Gedanken? Meine Antwort darauf ist: Wir können und müssen uns selbst überzeugen und Erlebnisse schaffen, die uns zeigen, dass wir es schaffen können. Ich glaube, es ist unerlässlich, wachsam zu sein, um die Aufgaben, die unser Denken fesseln, schnell zu erkennen und zu lösen. Nichts sollte mehr übrig bleiben, außer den Ergebnissen, die wir uns wünschen. Wir wissen, es bleibt nicht bei einer Aufgabe, die gelöst werden will. Es kommen ständig neue hinzu und alle wollen zerlegt, bearbeitet und von Neuem angesehen werden, damit sie sich auflösen können.

Ich mache das seit Jahren, weil ich weiterkommen will. Ich möchte mich von meinen inneren Grenzen nicht mehr einsperren lassen. Schnell will ich Lösungen finden, und darum zerlege und bearbeite ich meine Grenzen. Sie sind immer mit Ängsten verbunden, und ich nehme sie immer wieder aufs Neue an und versuche, sie aufzulösen.

12. Opferdasein

*Will nichts mehr in mir tragen,
das mein Denken stört.*

Von Tag zu Tag legte ich mein Opferdasein, so gut ich konnte, ab. So habe ich immer mehr die Scheu vor Menschen verloren. Das hört sich einfach an. Aber es war eine dauernde Herausforderung. Ständig über meine eigenen Grenzen hinauszuwachsen brauchte ungeheuer viel Durchhaltekraft. Der Zorn und die Verbitterung, die ich in mir trug, lösten sich jeden Tag ein kleines Stück mehr auf. Das war ein Weg, auf dem ich vieles lernte.

Ich erfuhr, dass einige berühmte Menschen ebenfalls Schwierigkeiten mit der Schrift haben. Wir befinden uns also in guter Gesellschaft. Jeder kämpft für sich auf seine Weise. Albert Einstein wird nachgesagt, dass er nicht gut lesen und schreiben konnte. Von der Kronprinzessin Victoria von Schweden ist bekannt, dass sie eine Lese- und Rechtschreibschwäche hat. Dass auch andere mit den Wörtern kämpften und erfolgreich aus diesem Kampf hervorgegangen waren, tröstete mich.

Doch es formte meine unliebsamen Erfahrungen aus der Schulzeit nicht um. Und auch nicht die peinlichen Erinnerungen, nicht die Beschämung, die mich erröten ließ, und auch nicht die Verzweiflung, an der Tafel zu stehen. Es änderte nicht die Überforderung oder den Hass gegen die Schrift und auch nicht das Gefühl, eine Außenseiterin zu sein. Bei mir tanzten die Wörter auf den Buchseiten und Arbeitsblättern hin und her und lösten sich vor den Augen auf. Die Schrift schien von Kindheit an von einem bösen Zauber befallen zu sein. Zum Glück bin ich kein Kind mehr und habe mich aus diesem trübsinnigen Zustand befreit. Ich traf meine Entscheidungen immer allein. Die Kindheit und das Alleingelassensein mit all den Aufgaben fühlten sich schrecklich an. Im Nachhinein erkannte ich, dass es eine gute Lebensschule gewesen ist, und vielleicht gerade deswegen, weil ich nicht durch das Schulsystem gehetzt worden bin.

Einige Monate, bevor mein Buch „Im Labyrinth der Buchstaben" erscheinen sollte, erzählte ich Yasmin und Waqar von meinem ersten Schuljahr und meinen Schreibproblemen. Ich sprach von Schneverdingen und dass ich mich dort nie richtig zu Hause gefühlt habe. Ich sprach davon, dass mich die Lehrer mit acht Jahren in die Sonderschule gesteckt hatten und mir niemand geholfen hat. Zum Schluss erzählte ich ihnen, wie ich als Fabrikarbeiterin durch das Leben kam. Und das nur, weil die Lehrer mich ignoriert hatten und ich ungebildet die Schule nach sieben Jahren verlassen musste.

Mir war es wichtig, dass Waqar und Yasmin von meinem Vorleben erfuhren. Vielleicht hatten sie bereits geahnt, dass in meiner Vergangenheit etwas nicht stimmig war. Außerdem hatte ich noch eine Frage an sie. Ich fragte, ob sie einverstanden wären, dass meine Geschichte ans Tageslicht käme. Denn meine Geschichte war auch ihre Geschichte. Alle ihre Freunde und die Öffentlichkeit würden erfahren, dass ihre Mutter Probleme mit dem Schreiben hat. Ich hätte Verständnis, wenn sie es nicht wollten, und von meiner Seite würde das nichts an unserer Beziehung ändern.

Doch die beiden reagierten wundervoll. Sie bemerkten meine Betroffenheit und ich konnte meine Tränen nicht mehr zurückhalten. Wir sprachen an diesem Wochenende und in der darauffolgenden Zeit viel über funktionale Analphabeten, die Lese- und Rechtschreibschwäche und was die Ursachen dafür sein können. Sie fanden es toll, dass mir durch Zufall das Buch, das alles verändert hat, in die Hände gefallen war und ich mir damit die Schrift erobert hatte. Jetzt sprechen sie offen mit ihren Freunden darüber. Sie erzählen, dass ihre Mutter darüber Bücher schreibt.

13. Gesucht und gefunden

*Die Suche öffnet
den Horizont,
zeigt neue Wege.
Sie macht das Leben
abenteuerlich und
lebenswert.*

Eines Tages las ich von Wilma Rudolph und Helen Keller. Sie sind für mich Vorbilder, wie man Unmögliches möglich machen kann. So erfuhr ich, welche Wege sie gehen mussten, um aus ihrer Situation auszubrechen und wie sie lernten, ihr Handicap zu akzeptieren.

Heutzutage ist die Suche nach Informationen einfach für mich, aber als ich 49 Jahre alt war, war das eine riesige Herausforderung. Ich kannte mich noch nicht im Internet aus und wusste nicht, wo ich suchen sollte. Ich konnte den PC gerade so bedienen. Oft saß ich bis zum Morgengrauen am PC und suchte. Wenn ich auf einen Bericht traf, der mich weiterbrachte, war ich begeistert. Das war der Lohn für eine Nacht am PC im Internet. Es beflügelte mich und ich war froh, dass auch andere Menschen, auf die eine oder andere Weise Schwierigkeiten hatten. Das klingt egoistisch, und ja, ich habe es mir auf meinem langen lernenden Lebensweg erlaubt, egoistisch zu sein.

Als ich auf Wilma Rudolf und Helen Keller im Internet traf, war ich von so viel Leid, Mut und Durchhaltekraft ergriffen. Wilma wurde die „schnellste Frau der Welt" und die

„Schwarze Gazelle" genannt. Sie hatte zwanzig Geschwister und die Familie war arm, aber gläubig. Mit vier Jahren erkrankte Wilma Rudolph an Kinderlähmung, ihr rechtes Bein und der rechte Fuß waren von da an gelähmt. In den 1940er Jahre wurden in den weißen Krankenhäusern der Südstaaten noch keine schwarzen Patienten versorgt. Für wenig Geld wurde Wilma von einem schwarzen Arzt behandelt. Er machte der Mutter wenig Hoffnung und prophezeite eine lebenslange Behinderung. Weil die Mutter keine Ruhe gab, schickte er sie in eine Klinik nach Nashville, die 90 Meilen von Clarksville, Tennessee entfernt war. Dort zeigte man ihr, wie sie das Bein ihrer Tochter massieren musste.

Von diesem Tag an massierten die Mutter und die Geschwister mehrmals täglich das Bein von Wilma. Außerdem übten ihre Brüder mit ihr das Laufen. Nach drei Jahren konnte sie ohne Krücken laufen. Zwei Jahre trug sie noch orthopädische Schuhe und legte mit elf Jahren die Krücken endgültig ab. In der Schule lernte sie Basketball spielen und fuhr zum Trainingscamp. Dort wurde sie von einem Coach entdeckt und trainierte hart. Als Wilma 16 Jahre alt war, trainierte sie für die Olympischen Spiele in Melbourne, Australien und wurde 1956 nominiert. Ihre Mannschaft gewann Bronze. Mit 19 Jahren stellte sie den neuen Weltrekord bei der Olympiade in Rom auf. Für die USA gewann sie 1960 dreimal Gold mit der US-Sprintstaffel. Bis zu ihrem Rücktritt 1963 stellte Wilma Rudolph noch mehrere Weltrekorde auf.

„Ich bin blind, aber ich sehe;
ich bin taub, aber ich höre."

Helen Keller

Trotz ihrer Behinderung gehört Helen Keller zu den stärksten und klügsten Frauen des letzten Jahrhunderts. Mit sechs Jahren erkrankte sie an einer Gehirnhautentzündung. Sie erblindete, verlor das Gehör und die Sprache. Die Eltern konnten sich mit ihrer taubstummen und blinden Tochter nicht mehr verständigen. Sie stellten die Hauslehrerin Anne Sullivan ein. Die Hauslehrerin fand schnell einen Zugang zu dem Mädchen. Helen bekam die Aufgabe, einen Gegenstand zu berühren. Zur gleichen Zeit klopfte die Hauslehrerin den Namen des Gegenstandes mit dem Fingeralphabet in die Hand von Helen. So holte sie das Kind aus seiner dunklen, einsamen Welt heraus. Helen lernte schnell die normale Schrift, verschiedene Blindenschriften und lernte sprechen. Sie studierte und wurde Schriftstellerin.

Als ich das las, war ich begeistert. Ich wollte von Gewinnern lernen. Weil ich mich auf die Suche machte, fand ich Vorbilder. Darum habe ich von Wilma Rudolph und Helen Keller und ihrer Durchhaltekraft, die an Zauberei grenzte, erfahren. Solche Vorbilder, die das Unmögliche möglich machen, sind für mich wie eine heilende Medizin. Sie hellen meine Stimmung auf und geben mir Kraft. Kein Arzt hätte mir so eine Medizin verschreiben können.

14. Tunnelblick

*Vielleicht wirst Du
für einige unbequem.
Sie hätten Dich lieber
als Schaf in der Herde.*

Ich gehörte zu den 7,5 Millionen Menschen, die funktionale Analphabeten genannt werden. Mit meinen Erfahrungen aus der Vergangenheit gestalte ich meine Zukunft. Es ist meine Hoffnung und mein Wille, mit diesem Buch einen Beitrag in die Welt der eingefrorenen Worte zu schicken.

Als ich mein Buch „Im Labyrinth der Buchstaben" schrieb, legte ich lange Verschnaufpausen ein. Wenn ich heute zurückblicke, erkenne ich, dass die Pausen unbedingt nötig waren. Ich zweifelte oft an mir und hinterfragte alles. Jetzt im Rückblick sehe ich, dass die Selbstzweifel wie ein guter Lehrer waren. Um klarer zu sehen, musste ich die Angelegenheit und meine Handlungen durchdenken. Das verlieh mir den guten Tunnelblick: Ich sah nur dieses eine Thema, mein Lebensthema.

Als ich das letzte Mal mit dem Thema Buch durch den Tunnel ging, war es eine Zerreißprobe. Meine Befürchtungen vor der Reaktion meiner Mitmenschen im näheren Umfeld ließen mich nicht los. Vielleicht würden sie ablehnend auf mich reagieren, wenn sie von meinem Schreibproblem erführen. Als es so weit war und das Buch veröffentlicht wurde, kam alles ans Tageslicht. Der Auslöser war ein Zeitungsartikel über mein Buch „Im Labyrinth der Buchstaben", den ein Arbeitskollege gelesen hatte. Er sprach mich freundlich darauf an: „Na, ich habe dich ja lange nicht mehr gesehen. Das letzte Mal im Wochenblatt." Im ersten Moment stockte mir der Atem, doch weil er es so nett mit einem ehrlichen Lächeln rüberbrachte, fiel die Mauer der Furcht schlagartig ein. Jetzt lag es an mir, auf diese eingestürzte Mauer zu reagieren. Obwohl ich mich eigenartig fühlte, sprach ich es bei meiner Vorgesetzten an. Sie reagierte darauf sehr verständnisvoll. Ich erzählte allen Arbeitskollegen davon. Das Buch legte ich zum Lesen in den Pausenraum. Sie stellten Fragen und versuchten, diese Situation zu verstehen. Einige waren gleich begeistert und kauften sich das Buch. So ein Artikel in der Zeitung zieht seine Kreise. Die Reaktionen der Menschen aus meiner Umgebung waren sehr positiv.

Die Angst, mich mit meinen Schreibschwierigkeiten zu zeigen, war grundlos. Nachdem ich mich offenbart hatte, war es mir nicht mehr peinlich, darüber zu sprechen. Und wenn ich jetzt bei der Arbeit darauf angesprochen werde, ist meine Welt nicht vom Untergang bedroht. Es war eine Auseinandersetzung mit mir selbst, aus der ich gestärkt hervorgegangen bin. Seitdem ich das Buch veröffentlicht habe, lese ich ab und zu daraus in der Bücherhalle oder auf Buchmessen vor. Seit Oktober 2015 bin ich auf den zwei großen Buchmessen in Leipzig und Frankfurt am Stand der Alfa-Selbsthilfe, ein Dachverband im Aufbau. Seit 2005 treffe ich mich einmal im Monat mit dem „Alpha-Team Hamburg", einer Selbsthilfegruppe für Menschen mit Lese-Rechtschreib-Problemen. Wir machen in der Öffentlichkeit auf unser Thema aufmerksam. Wir geben dieser Thematik menschliche Gesichter, sodass die Menschen nicht nur in der Statistik als Zahl mit 7,5 Millionen erscheinen. Zudem zeigen wir, dass ein funktionaler Analphabet nicht anders aussieht als ein Mensch, der das Schulsystem durchlaufen hat beziehungsweise der durch das Schulsystem getrieben wurde. Außerdem arbeite ich an unserer Online-Zeitung "Die Leserei", die zweimal im Jahr erscheint, mit.

Wenn man mich fragen würde, ob nach der Erscheinung des Buches etwas anders geworden ist, würde ich zuerst Nein sagen. Ich habe mich schnell an meine innere Sicherheit gewöhnt und merke die Veränderungen nur noch selten. Doch wenn ich genauer darüber nachdenke, muss ich sagen: „Alles hat sich geändert." Ich muss mich nicht mehr mit meinen Schreibschwierigkeiten verstecken und gehe damit frei und unbeschwert durchs Leben. Bei der Arbeit fange ich einfach an zu schreiben, so als hätte ich niemals Schwierigkeiten damit gehabt. Das ist für mich der größte Erfolg. Ein paar Fehler stören mich nicht. Irgendwann werden auch sie verschwinden. Vielleicht dauert es noch ein paar Jahre. Wenn Du jetzt sagst: „Das dauert mir zu lange!", sage ich: „Ja, vielleicht, aber die Zeit vergeht doch auch, wenn Du untätig bleibst." Es gibt keinen richtigen Augenblick für die Entscheidung, sein Leben zu ändern. Man kann jetzt, ohne vorbereitet zu sein, einen Gedanken in Richtung des Zieles schicken und etwas dafür tun. Denn das ist eine Handlung, und wenn Du heute handelst, bist Du, ohne es zu merken, weitergekommen. Nur durch diesen Gedanken hast Du etwas getan, was Du sonst nicht getan hättest. Bei mir war der gegenwärtige Moment immer der richtige. Der Augenblick war günstig und ich nutzte ihn. Aufgeben ist keine Alternative, denn ich liebe die Veränderung. Ich lasse sie zu und mein Herz hüpft oft vor Freude, weil ich dadurch meinen Weg weitergehe und aus dem Sumpf, der mich festhalten will, herauskomme.

Ich habe es aus diesem Teufelskreis herausgeschafft. Aber im

Allgemeinen setzt sich das Elend, das für funktionale Analphabeten mit dem Eintritt in die Schule begann, weiter fort.

Viele von uns leben von Hartz IV oder bekommen nur Arbeit auf dem zweiten Arbeitsmarkt. Auf dem zweiten Arbeitsmarkt arbeiten Menschen, die Schwierigkeiten haben, auf dem regulären Markt aus eigener Kraft und ohne Förderung eine Stelle zu finden. Es handelt sich hier in erster Linie um Langzeitarbeitslose sowie Menschen mit Einschränkungen und Behinderungen. Das Ziel ist es, Menschen, die auf dem regulären Arbeitsmarkt ohne Förderungsmaßnahmen keine Chance haben, in ein Beschäftigungsverhältnis zu bringen. Man nennt uns in der Fachsprache bildungsfern und bildungsarm. Doch wer hat diese Bildungsarmut verursacht? Das waren doch nicht wir. Wir waren noch Kinder, die man wie alte Kochtöpfe abgestellt und vergessen hat.

Keiner spricht davon, dass sich unsere Eltern die teure Nachhilfe nicht leisten konnten. Deshalb sind wir durch das antiquierte Bildungsnetz gefallen. Danach schickte man uns in die Sonder- oder Hilfsschule, die heutzutage Förderschule genannt wird. Sicher dachten die Verantwortlichen, die uns als Kinder abschoben, nicht genug darüber nach. Doch mit dieser Gedankenlosigkeit machten sie unser Leben bitter und schwer. In mir hat die Schule tiefe Spuren hinterlassen. Auch heute noch bin ich oft innerlich erschüttert. Als Jugendliche beschloss ich, nie mehr mit einem Lehrer zu sprechen, nie wieder wollte ich in so ein Gesicht schauen. Ich wollte mich nicht mehr dumm, faul und schuldig fühlen.

Meine sogenannte Bildungsarmut hat mich zum Außenseiter gemacht. Viele, denen es so geht, haben sich von der Gesellschaft zurückgezogen. Vielleicht ist es gut, wenn wir unsere Vergangenheit als Herausforderung annehmen. So können wir aus dieser Tretmühle ausbrechen und unseren eigenen Weg suchen und gehen. Was mit uns geschehen ist, wird sicher noch viele Jahrzehnte in uns feststecken.

Für mich ist es sehr seltsam, dass die Förderung in den Schulen noch nicht weiter ist. Schon im Jahr 1903 forderte der Neurologe und Psychiater Carl Wernicke, dass jeder Lehrer die angeborene „Wortblindheit" kennen sollte, um betroffene Kinder vor falschen und ungerechten Behandlungen zu schützen. Dies ist also schon seit ewigen Zeiten bekannt. Aber heute ist das Schulsystem immer noch mit dieser Aufgabe überfordert. Der Neurologe Adolf Kußmaul, ein von der Problematik der Legasthenie betroffener Vater, hatte bereits 1877 dieses Phänomen als „Wortblindheit" bezeichnet.

Im Lauf der Jahre habe ich viel mit Lehrern im Ruhestand darüber gesprochen. Alle sagten, dass sie nicht für legasthene Kinder ausgebildet wurden. Diese Kinder wurden „schwierig" genannt. Die Forderung von Carl Wernicke, dass Kinder vor falschen und ungerechten Behandlungen zu schützen sind, ist vergessen worden. Für mich persönlich ist das Wort „funktionaler Analphabet" ganz schwierig. Es ist wie ein Deckel. Hätte man mich damals, als ich aus der Schule gekommen bin, so bezeichnet, wäre ich heute nicht an diesem Punkt. Meine Überzeugung im Grunde meines Herzens war, dass ich nicht gut lesen und schreiben kann. Mit dieser Bezeichnung „funktionaler Analphabet" wäre ich verloren gewesen. Ich hätte niemals angefangen zu lernen, denn das Wort „funktional" sagte für mich nicht viel aus. Doch ich wusste, ein „Analphabet" kann gar nicht lesen und schreiben. Darum hätte ich niemals angefangen zu lernen. Die Bevölkerung heute kann damit auch nicht viel anfangen und es braucht immer umfangreiche Erklärungen. Ein „funktionaler

Analphabet" ist kein Analphabet. Häufig wird in den Medien „funktional" einfach weggelassen und nur noch von Analphabeten gesprochen. Das sind jedoch Menschen, die gar nicht lesen und schreiben können. Da frage ich mich, ob das Absicht ist. Oder haben die Journalisten, die dies so schreiben, nicht richtig recherchiert? Wollen sie in unseren offenen Wunden bohren, oder sind sie einfach nur ignorant? Die Beweggründe mögen vielfältig sein, und jeder, der darüber spricht oder schreibt, hat seine eigenen.

Für mich ist diese Bezeichnung beleidigend. Hätte ich in den 1970er Jahren erfahren, dass ich zu den Analphabeten gehöre, wäre ich, wie gesagt, nicht losgegangen, um die Schrift zu erlernen. Da gefällt mir die Bezeichnung „Wortblindheit" viel besser. Ich bin der Meinung, dass es gut auf mich zutrifft. Denn ich sehe die Wörter und Buchstaben oft nicht. Sie sind dann für mich einfach nicht mehr da.

Wie eh und je werden in den Schulen funktionale Analphabeten herangezogen. Ich wundere mich, dass dies möglich ist und warum der Lehrauftrag nicht korrekt ausgeführt wird. Es gibt schon seit 1877 die Legasthenie-Forschung, aber die Gelehrten haben es immer noch nicht in den Griff bekommen. Jeder kann sich seinen Teil dazu denken. Es würde den Rahmen des Buches sprengen. Was ist mit dem „Land der Dichter und Denker" geschehen? Wer lässt es zu, dass Kinder die Freude am Lernen verlieren? Es ist ein Armutszeugnis für das System. Vielleicht sollten sie sich auch schämen, dass es so weit gekommen ist. Wieso steigen die Zahlen von denen, die angeblich nicht lernen können, immer noch an? Wenn wir an Goethe und Schiller und die ganzen Philosophen denken, die das Gedankengut im Land mitgeprägt haben, muss jedem ein kalter Schauer über den Rücken laufen, wenn es heißt: „Das

Kind kann nicht normal beschult werden." Wieso denn nicht?, frage ich mich. Kinder aus einem wohlhabenden Elternhaus müssen seltener in eine Förderschule. Wieso?, frage ich mich. Wenn es doch nicht lernen kann, wie kann das Geld der Eltern helfen? Kann man Bildung kaufen? Ist man, wenn die Eltern Geld haben, nicht mehr dumm? Was wäre, wenn wir die Förderung, die die schwedische Thronfolgerin Victoria bekommen hat, selbst bekommen würden? Wären wir dann immer noch bildungsarm? Müssten wir uns immer noch durchs Leben kämpfen? Oder hätten wir Förderer, die uns gerne unterstützen würden? Uns wird nachgesagt, dass wir nicht lesen und schreiben lernen können, dass wir uns durchs Leben schummeln. Da tauchen bei mir einige Fragen auf: Ist das Vermeiden einer Tätigkeit gleichzusetzen mit einer Lüge? Ist das Schweigen über eine Schwäche Unrecht? Ist Durchmogeln nur bei funktionalen Analphabeten verbreitet?

15. Den Teufelskreis verlassen

Sei beharrlich.
Beharrlichkeit führt zum Ziel,
öffnet Wege, öffnet Schranken.

Als ich noch jung war, nahm ich den Trampelpfad, der voller Fallgruben und Hindernisse war. Es war ein sehr steiniger Weg. Ich wollte und musste mich retten. Mühsam setzte ich einen Fuß vor den anderen. Langsam öffnete sich der Weg des lebenslangen Lernens. Ich lade Dich auf diese abenteuerliche Reise ein. Die Angst vor der Schrift verschwindet, wenn der Weg unbeirrt gegangen wird. Es ist wichtig weiterzukommen, gleichgültig, was die Menschen um Dich herum sagen. Vielleicht wirst Du für einige unbequem. Sie hätten Dich lieber als Esel oder Schaf in der Herde.

Jeder kann sein Leben durch ständiges Lernen und Ausdauer verwandeln. Beharrlichkeit ist wie ein Magnet und zieht Erfolge nach sich. Arbeite an Dir wie an einem Sandkorn, das in einer Muschel liegt. Dann wirst Du Dich wie das Sandkorn verwandeln. Du musst nur lange genug bei einer Sache bleiben, um zu merken, dass sich etwas in Dir und um Dich herum verwandelt. Dann spürst Du, dass Du ein Stück vorwärtsgekommen bist. Deine Grenzen haben sich erweitert. Und Du bemerkst, dass Du Dein Leben selbst beeinflussen und verändern kannst. Um zu erreichen, was ich will, lasse ich meine Gedanken daran nicht locker. Wie eine Spinne ihr Netz spinnt, spinne ich mich in meinem Gedankennetz ein. Der Faden wird länger und Knotenpunkte bilden sich. Und wenn ich erreiche, was ich will, knüpfe ich neue Fäden ins Netz ein. Dann geht es weiter zur nächsten Aktion. Diese Arbeit an mir selbst gibt meinem Leben Sinn.

Nach Jahrzehnten des Lernens spürte ich, dass Schreiben mein Weg ist. Ich brachte den Mut auf, Schriftstellerin zu werden. Mein erstes Buch „Im Labyrinth der Buchstaben" erschien im August 2015. Es brauchte viele Jahre, bis es fertig war. Ich glaube, meine Zweifel wollten die Veröffentlichung verhindern. Denn ich weiß, wie es ist, nicht gehört zu werden. Darum versuche ich, sooft ich kann, einen Beitrag in die Welt der eingefrorenen Worte zu schicken. Worte sind mächtig. Sie bauen auf oder reißen ein.

Es ist gut, damit achtsam umzugehen. Denn wenn ich nicht aufpasse, kann ich mich selbst damit zur Weißglut treiben, mich verunsichern und mich klein und ängstlich machen. Ein großer Erinnerungsträger sind unsere Lieder aus der Vergangenheit. Ob wir wollen oder nicht, sie holen uns in die vergangene Zeit zurück. Und wir erleben im Schnelldurchlauf alles nochmals. Das vergangene Leben wird wieder lebendig. Denn die Erinnerungen sind tief in uns verwurzelt, aber darum können wir diese Fähigkeit auch für unsere Zukunft nutzen.

Immer wenn ich etwas Kleines oder Größeres geschafft habe, höre ich meine Lieblingsmusik, um die Leistung in mir zu verankern. Indem ich die Musik bei jedem Erfolg wiederhole anhöre, prägt sich die Erinnerung daran ein. Damit schaffe ich Erinnerungsträger. Ich kann das Gefühl des Erfolges abrufen, wann immer ich will.

Wenn die Zeit dafür reif ist und wir Lust auf ein Experiment haben, können wir uns Aufgaben stellen, sie erledigen und mit Musik feiern. Das löst Freude in uns aus und wir entwickeln den Glauben, es in Zukunft zu schaffen.

16. Such Dir einen Weg

*Mit unseren Zweifeln
stehen wir nicht alleine da.
Sei achtsam und beobachte Deine Zweifel.
Jeder zweifelt auf seine Weise.*

Abscheuliche Gefühle versuchen, Dich zu treiben, und wollen Dich fallen sehen. Doch weil Empfindungen von Dir kommen, kannst Du ihnen auch die Kraft entziehen. Tausch Dich auf keinen Fall mit ihnen gedanklich aus. Sonst ergreifen sie Dich und machen mit Dir, was sie wollen. Experimentiere, setze aufbauende Gedanken und Ideen ein. Nur so werden die jämmerlichen Gedanken und Gefühle ihre Macht über Dich verlieren.

Dein Leben wird sich Stück für Stück wandeln. Es wird lebenswert, und wenn Du Träume hast, werden die Zweifel schrumpfen. Wo nehmen wir die aufbauenden Gedanken und Träume her? Horche in dich hinein. Was wolltest Du schon immer tun? Ich weiß, man kann sein Leben schmieden. Ich habe es getan, es ist möglich. Viele Menschen versuchen, ihre Mängel mit Essen, Rauchen oder Alkohol auszugleichen. Die Angst, es nicht zu schaffen, war auch bei mir riesengroß. Sie scheint im Menschen verwurzelt zu sein. Aber ich erkannte, dass die ungeheuerlichsten Gedanken in mir selbst sind und ich sie durch mein Denken und Handeln ändern kann. Wenn Du in eine Sackgasse kommst oder merkst, dass der Weg nicht mehr passt, warte nicht. Das ist verlorene Zeit. Suche Dir eine neue Strecke, um weiterzukommen. Nur weil der Weg einmal stimmig war, muss er es jetzt nicht mehr sein. Vielleicht hast Du Dich verändert und siehst die Dinge mit anderen Augen. Dann brauchst Du ihn nicht weiterzugehen. Es werden sich andere Wege öffnen. Wir können, wenn wir wollen, unser Leben nach unseren Wünschen leben. Dafür brauchst Du Ausdauer. Und Du hast nichts zu verlieren außer den Dämonen der Vergangenheit, die durch die Vorurteile der Umwelt in Dir Wurzeln schlugen. Vielleicht sagst Du jetzt, dass Du noch ein Kind warst, als die falschen Bilder in Dich eingepflanzt wurden. Ja, natürlich, da hast Du recht. Die Menschen der vergangenen Zeiten gingen nicht sehr achtsam mit uns um.

Das Innenleben eines Menschen, und vor allem das eines Kindes, besteht aus winzigen Eindrücken, die die Welt erschaffen. Alles ist gut, wenn das Kind in einer freundlichen Atmosphäre lernen und leben darf. Die Grundsteine des Lernens müssen in der Grundschule gelegt werden. Kinder brauchen Anregungen. Dadurch entwickelt sich die Auffassungsgabe. Fehlen diese Anregungen, verkümmern die Anlagen. Wenn die Grundsteine im Fundament fehlen, wissen die Kinder oft nicht, wohin. Es ist ein Gefühl, als ob etwas nicht erledigt ist oder etwas fehlt.

Darum rasen sie durchs Leben und suchen nach den verlorenen Steinen. Sie fangen hier und da was an und fühlen sich ganz schrecklich. Wenn wir die fehlenden Steine in unser Fundament nicht eingraben können, sind wir immer auf der Suche. Die Grundsteine werden in den ersten Schuljahren gelegt, doch da hatten wir keine Chance. Wir sollten beginnen zu hinterfragen, um langsam zu erkennen, was tatsächlich dahintersteckt. Dadurch beginnt die Situation, sich zu verändern. Auf der scheinbar endlosen Strecke wird die Ausdauer kleine und größere Erfolge hinter sich herziehen. Langsam kommt die Ahnung auf: Ich kann etwas ändern! Nichts muss so bleiben! Oft ist es wie unter einer Dusche, mal kommt das Wasser kalt und kurz darauf kochend heiß heraus. Die Gefühle wechseln sich von einer Minute zur anderen ab.

Was ist zu verlieren, außer hundsmiserabler Laune, die Zeit vor der Glotze und minderwertiger Nahrung, die im Körper wie ein Raubüberfall wirkt und die Kraft nimmt? Nachts kommen die Selbstzweifel, die mir noch am nächsten Morgen ins Gesicht geschrieben stehen. Sie herrschen kaltblütig über die Träume. Wenn wir keinen Riegel davorschieben, beherrschen sie unser ganzes Leben. Wenn die Zukunft Dich treibt, kannst Du Dich von allen Gespenstern befreien und kommst im Heute an. Dann suche für Dich einen Weg, der Dein Weg ist und den Du gehen kannst.

17. Wissenskrümel

Der Weg ändert sich.
Nichts muss so bleiben.
Wenn wir bereit sind,
gehen wir los.

Das Lesen von Büchern hat mir neue Wege aufgezeigt. Einige alte Wege schlossen sich, ganz neue Wege entstanden. Wege, die es zu Beginn meines Lebens als Fabrikarbeiterin nicht gab. Und dann fand ich meinen Weg: Ich wollte stolz auf mich selbst sein. Ich wollte mir zeigen, dass ich etwas kann. Dieser Wunsch trieb mich unaufhörlich an und so öffneten sich viele Wege. Der Samen für den Mut lag in den Büchern. Sie befreiten mich, befreiten mein Denken aus dem Kleinformat.

Ich erkannte, dass ich Fähigkeiten habe, dass ich lernen kann und dass ich nicht dumm bin. Denn ich verstand, was ich las. Ich lernte, wie besessen. Es machte mein Denken klarer und zog mich nach oben, wenn ich ganz unten war. Es zeigte mir, wer ich auch bin. Ich wusste jetzt: Nichts muss so bleiben, wie es ist.

Der Erfolg kam kekskrümelweise. Er war wie ein zerbröselter Kuchen. Aber wie im ganzen Kuchen sind auch in jedem winzigen Krümel alle Zutaten enthalten.

Mein Leben war und ist nach wie vor eine außergewöhnliche Reise. Manchmal frage ich mich, wie mein Leben verlaufen wäre, wenn ich das Buch im Kaufhaus nicht gekauft hätte. Und was wäre aus mir geworden, wenn ich eine normale

Schule besucht hätte? Wäre ich dann noch immer von dem Wunsch erfüllt, bis ans Ende meiner Tage zu lernen?

Mein Lebensweg

war und ist

wie ein Mosaikbild,

das ich zusammensetzen durfte.

Hin und wieder fand ich einen Stein,

der dazu passte.

Bücher, die mich auf meinem Weg begleiteten

Diese Bücher öffneten mir neue Sichtweisen und ließen im Laufe der Jahre meine Welt in einem anderen Licht erscheinen:

Ich schreibe mir die Seele frei von Richard L. Johnson

Hermann Bauer Verlag, Freiburg im Breisgau 1990.

Leichter lernen ohne Streß von Sheila Nancy Ostrander und Lynn Schroeder Goldmann Verlag, München 1982.

Das neue Stroh im Kopf von Vera F. Birkenbihl

mvg Verlag, Landsberg am Lech 2000.

Die Gesetze der Gewinner von Bodo Schäfer

dtv Verlag, München 2009.

Mein Erfolgssystem von Oskar Schellbach

Hermann Bauer Verlag, Freiburg im Breisgau 1981.

Zum Erfolg geboren von Antony Fedrigotti

Axent Verlag, Augsburg 1995.

Der Feuerläufer von Emile Ratelband

Econ & List Verlag, München 1999.

Das Power-Lesebuch von Matthias Pöhm

mvg Verlag, Landsberg-München 2000.

Best of Enkelmann von Nikolaus B. Enkelmann

mvg-Verlag, Landsberg/Lech 2001.

Kostenlose Internetseiten mit Infos, Arbeitsblättern und Spielen:

www.alpha.rlp.de/g5461

www.abc-projekt.de

www.arbeitsblaetter.org

www.legakids.net

www.alpha-fundsachen.de

www.vhs-lernportal.de (früher: ich-will-lernen.de)

Heutzutage gibt es sehr viele Angebote, die motivieren und helfen, um im Lesen und Schreiben weiterzukommen. Diese Angebote sollten wir nutzen!

TEIL 2

1. Das bittere Geheimnis

Stille Einsamkeit

Wir haben den stillen Kampf verloren.
Unser Lachen ist früh gestorben.
Unsere Stimme flüstert uns zu:
Sei still, du kommst doch nicht mehr dran.
Kehre zurück
und suche
Deinen
Traum
im Tal
der stillen
Einsamkeit.

Die Verantwortlichen,
die uns als Kinder abschoben,
dachten nicht genug darüber nach.
Doch diese Gedankenlosigkeit
macht unser Leben
bitter und schwer.

Verloren

In der Schule haben wir die Freude
und Begeisterung verloren.
Früh wurden die Weichen
abwärts gestellt.
Der Wissensdurst ertrank
in erniedrigenden Worten.
Wer besonders viel Pech hatte,
musste die Schulen für

geistig Behinderte
besuchen.
Das versetzt die Seele
in Bitterkeit.

Diese Einrichtungen waren
Verwahranstalten.
Was da gefördert wurde,
ist fraglich.

Bildungslandschaft

Als junge Frau war ich Fabrikarbeiterin
und hasste dieses Leben sehr.
Nach Jahrzehnten bewältigte ich die Strecke
durch die Bildungslandschaft.

Dieser Weg drückte mich oft nieder.
Aber er baute mich auch auf und
zeigte mir, was ich geschafft habe.

Drei Schritte nach vorne, zwei zurück.
Oft blieb nur dieser eine Schritt,
der mir zeigte: Es ist mühsam,
aber es geht.

Es war ein langer, steiniger Weg.
Doch ich ging ihn immer weiter,
um mich mit der Schrift
auszusöhnen.

Etwas in mir verwandelte sich.
Was daraus entstehen würde,
wusste ich nicht.

Versteinerte

Trostlose Blicke
aus traurigen Augen
der Fabrikarbeiterinnen.
Die Stunden schleichen vorüber.

Versteinerte Gesichter
erzählen unendlich Geschichten.
Das Gedankenkarussell dreht sich im Kreis.

Quälende Minuten verwandeln sich zu Stunden.
Die Tage wollten einfach kein Ende nehmen.
Nein! So ein Leben war nicht meins!
So ein Leben wollte ich nicht.
Ich musste gehen.
Ich musste fort.
Ich wollte
an einen
anderen
Ort.

Träume, so wie andere
junge Leute sie haben,
hatte ich nicht.

Kein Hobby.
Keine Interessen.
Ich spürte nur:
Ich muss gehen.

In meinem Denken tauchten
winzige Veränderungen auf.
Ohne es zu merken,
war ich schon
auf dem Weg.

Ich wollte nicht einfach nur raus.
Ich wollte
keine Gefangene
im teuflischen
Lügenspiel sein.

Ich wollte frei und ohne
Begrenzungen leben.
Irgendwo an einem
anderen
Ort.
Ich ging dorthin,
wo mich keiner kennt,
aber das Tor zur lebenswerten
Welt blieb verschlossen.

Jahrzehnte später
kam ich zuerst
nur durch die Hintertür.
Doch dann durfte ich
durch den Haupteingang.
Diese endlose Strecke,
dieser endlose Kampf,
prägte mich für mein Leben.

Feindliche Eindrücke

Das Innenleben
eines Kindes besteht
aus winzigen Eindrücken.
Wenn sie in einer freundlichen
Atmosphäre leben und lernen dürfen,
ist alles gut.

Aber wenn sie
schon am Anfang
der Schulzeit ins Abseits kommen,
werden sie die Lehrmethoden
nicht verstehen,
sondern beginnen
zu hassen.

Grundsteine des Lernens
müssen in der Grundschule
gelegt werden.

Kinder, die nicht
der Norm entsprechen,
anders oder langsamer lernen,
werden weggeschickt.

Sie müssen in Förderschulen
Das vermittelt ihnen,
dass sie nicht mehr
dazugehören.
Aber wo
gehören
wir hin?

2. Die Stadt

Tränenmeer

Ich wartete und wunderte mich.
Niemand rief mich auf.
Ich saß
in der hintersten Klassenbank.
Die Flamme der Begeisterung
drohte zu ersticken.
Ich wartete vergeblich.

Ich hoffte viel zu lange
auf Blickkontakt.
Auf einen ehrlichen,
freundlichen
Blick.

Freundliche,
aufbauende
Blicke
kosten
nichts.
Doch für mich hatten
die Lehrer keine übrig.
Sie wollten mir keine
schenken.

Die Welt wurde immer grauer.
Meine Neugier ertrank
im Tränenmeer.
Was war geschehen?

Ich wurde nicht mehr angesehen.
Plötzlich war ich unsichtbar.

Sie hatten mich abgestellt.
Das machte das Lernen bitter.
Oft lag ich krank zu Hause im Bett.
Das fröhliche und wissbegierige Kind,
das ich einmal war,
wollte nicht mehr zur Schule gehen.
In dieser feindlichen Umgebung
verwandelte ich mich
zu einem zornigen Bündel Mensch
und verstummte.
Ich fühlte mich genau,
wie sie es mir
einprägten.

Ich war unter bösen
Worten und Bildern
begraben.

Fühlte mich
verloren, bevor
das schöne Leben
nach der Schule
begann.

Bewegung

Es ist einerlei, wie weit Du bist.
Dein Versuch, etwas für Dich zu tun,
bringt Dich weiter.
Weil Du Dich nicht nur auf andere verlässt
und selbst mit kleinen Schritten beginnst.

Es ist gleichgültig, ob Du mit der Schrift,
oder mit etwas anderen beginnst.
Auf jeden Fall wird sich etwas in Dir bewegen.
Du merkst, dass Du nicht ständig
an Dir herummeckerst.
Die Vergangenheit ist vergangen.
Die kann keiner ändern.
Sie ist zu akzeptieren.

Gedankenkarussell

Obwohl Angst in mir aufstieg,
fühlte ich einen Hauch von Mut.
Ich war schüchtern und
selbstsicher zugleich.
In mir tobte der Zweifel.
Er folgte mir in den Schlaf.

Aber ich hatte es geschafft.
Ich ging als Hilfsarbeiterin nach Berlin.
Auch ohne Bildung stand mir die Welt offen.
Aber es war eine Welt am Rand der Gesellschaft.
Die Arbeit in der Fabrik war eintönig.
Es hatte sich nichts geändert.
Das Gefühl, dass mir das Leben davonrennt,
war ständig präsent.

Geheimnis

Mein bitteres Geheimnis
hatte mich erbarmungslos
geknebelt und in Fesseln gelegt.
Das Gedankenkarussell dreht sich
an schwülwarmen Tagen schleppend im Kreis.
Quälende Minuten verwandeln sich zu Stunden.
Die Tage wollen kein Ende nehmen.
Wenn sich Deine Aufgaben
hinter Schwierigkeiten verstecken,
hast Du zwei Möglichkeiten.
Du kannst enttäuscht aufgeben
oder sie als Herausforderung
packen und bearbeiten.

Darüber nachdenken,
daran zweifeln,
Dich vor Wut
im Kreise drehen
oder losgehen
und handeln.

Panik

Die Wangen gerötet.
Die Stimme zittert.
Auf den Schultern lasten
nicht-gesprochene Worte.

Der Körper verkrampft.
Vor Anspannung gebeugt.
Schamesröte stand mir im Gesicht.

Aus Scheu
mit Worten
falsch umzugehen,
blieb ich stumm.
Hielt mich zurück,
ließ mich nicht ein.
Ich sprach kaum ein Wort.

Als alles in mir erstarrte,
kamen ausgerechnet Worte,
geschrieben in einem Buch,
zu mir.

Es regte sich etwas in mir.
Ich fühlte, dass ich die Aufgabe,
die vor mit lag, annehmen sollte.
Um die Bremsklötze der Vergangenheit,
die mich im Teufelskreis festhielten,
aufzulösen.
Die Sache mit dem Schreiben
war wie eine Krankheit,
die langsam ausheilen muss.
Ich war auf dem Weg.
Das war ein Anfang.

Doch diese Aufgabe
verwandelte sich
Stück für Stück
und damit mein
Leben.

Fast ein Leben lang,
fast 40 Jahre,
bin ich unterwegs.
Bin oft liegen geblieben.
Blieb in der Warteschleife.
Bin oft aufgestanden
und wieder losgegangen.
Aber oft dauerte das Glück
nur Sekunden.

Ich habe Lernen als Lebensweg gewählt.
Dieser Weg hat mich verändert.
Er zeigte mir tröpfchenweise,
wer ich bin.
Und ich erkannte:
Ich bin
wie alle.

Ein Mensch
aus Fleisch und Blut,
der nur nicht gut schreiben kann.
Ich sagte mir: „Na und, was nun?"

3. Familienjahre

Kind

Als Kind
war die Schule
wie ein böses
Tier.

Bevor sich die Anlagen entwickelten
wurden sie von diesem
tierischen System
aufgefressen.

Die Tage
zeigten sich
in einem trüben,
schwankenden Licht.
Es blieb nur das Gerippe
eines traurigen Bündels
Mensch übrig.

Ganz einfach

Kinder brauchen
Anregungen.
So entwickelt sich
die Auffassungsgabe.

Fehlt dieser Ansporn,
müssen die Anlagen
verkümmern.

Ohne
Bildung
ist das Leben grau.
Denn Wissensdurst
ist im Menschen
angelegt.

Wenn
der Zugang
zum Wissen
da ist,
es richtig
vermittelt wird,
ist Entwicklung
bei jedem möglich.

Ein Leben
ohne Bildung
ist nur ein halbes Leben.

Ein Stück vom Glück

Man sagt ja, jeder sei seines Glückes Schmied.
Und so schmiede ich die Buchstaben zu Wörtern zusammen
und halte Ausschau nach meinem Glück.

Das Glück war wie ein Strohhalm,
den ich ergriff und der durch mein Gewicht
immer wieder abbrach.
Es war wie ein Sandkorn am Strand,
schwer zu fassen.
Und dann habe ich erkannt:
Glück besteht aus winzigen Handlungen.
Es setzt sich wie ein Mosaikbild zusammen.

Hoffnungsschimmer

An Hoffnung reich,
den Willen fest umschlungen,
gehe ich durch meine Fantasie.
Da sind die Straßen, die ich kenne,
und tiefe Schluchten, die noch in mir sind.
Mein Ziel ist weit.
Es liegt wohl bei den Sternen.

4. Was ich erlebte

Auflösen

Ich spüre,
sie ist bereit
sich aufzulösen.
Sie bröselt,
und knirscht
und lässt
mich sicher frei.

Die alte Ratgeberin Unsicherheit,
ist noch krümelweise in mir.
Und spielt mir manchmal
einen bösen Streich.
Und lässt mich denken,
dass ich die Wörter
falsch schreibe.
Sie treibt mich
zum Handeln
an.

Ich nehme den Stift in die Hand
und streiche die Wörter aus.
Um sie erneut falsch
hinzuschreiben.

Der Funke

Ich will den Funken,
der mich entflammte,
weitertragen.
Ohne zu fragen,
ob Du von hier bist,
oder nicht.

Ich kenne die verhexte Schrift.
Leicht war das Schreiben nie für mich.
Darum will ich das Stück Glut
weitertragen und euch sagen:
„Jeden Tag wird durch Dich
ein Funke Hoffnung neu geboren.
Vermehre ihn durch Deine Handschrift.
So wirst Du den Hoffnungsfunken weitertragen,
damit er niemals verglüht."

Mutmacher

Mein Mut soll sich über Stadt und Land ausbreiten.
Und in allen, die ihn brauchen, Wurzeln schlagen.
Damit sie beginnen, mehr an sich zu glauben
und ihren eigenen Weg zu gehen.

So kann die Spirale des Nichts-Könners verlassen werden.
Kein Mensch soll sich mehr dafür schämen,
wenn er das Schreiben und Lesen nicht gut beherrscht.

Den sogenannten normalen Menschen
ist es auch nicht peinlich, schlecht rechnen
zu können.

Warum soll es denn so furchtbar sein,
schlecht schreiben zu können?
Jeder kann seine Fähigkeiten
nach seinen Möglichkeiten ausbauen.
Wir sollten auf keinen Fall Zuschauer
im eigenen Leben sein.

Denn Dein Herz wird schneller schlagen,
wenn Du die Leidenschaft und den Sinn
Deines Lebens suchst.

Fang an zu lernen

Schau nicht zurück!
Auch wenn Deine Zweifel Dir sagen:
Das kannst Du nicht.
Deine Zweifel haben nicht immer Recht.
Sie sind Ergebnisse der Angst.

Ich hoffe sehr,
dass in Zukunft
der Wert eines Menschen
nicht mehr an der Fähigkeit
des Schreibens gemessen wird.

Es liegt an jedem Einzelnen,
seine Zukunft vorzubereiten.
Doch am Anfang ist der Weg
oft von Hindernissen versperrt
und es geht nur mühsam
oder gar nicht voran.

Das gehört zum Wachstum dazu.
Gerade dann muss man weitermachen,

sich nicht von den Hindernissen
aufhalten lassen.
Je mehr wir erkennen, umso mehr
können wir dem eigenen Denken folgen.
Wir brauchen keinem Menschen
das Recht einräumen,
über uns zu bestimmen.
Wir sollten uns nicht denen anschließen,
die uns immer wieder sagen,
dass wir es nicht schaffen.

Vielleicht meinen sie es nicht böse,
aber für uns sind solche Aussagen Gift.

Visionen

Ich ging viele Wege tagaus und tagein.
Viele öffneten sich und verschlossen sich wieder.
Ich wollte neu werden, ein neuer Mensch.
Darum suchte ich
und fand den Weg
aus der finsteren
Tiefe.
Ich fand meine Vision.
Meine Version
von meinem Leben
ist ganz anders
als das, was mir die Schule
zuschieben wollte.

5. Ich bastelte an meiner Zukunft

Bist du es wirklich

Wenn wir mit den Teufeln heulen,
lachen sie uns ins Gesicht
und sagen: Das kannst Du nicht.

Du bist zu dumm,
zu dick, zu dünn,
zu groß, zu klein,
zu jung, zu alt.
Du bist zu faul,
um klug
zu sein.

Du fragst Dich,
wer ich bin, dass ich
so etwas sagen kann.
Und denkst vielleicht,
dass ich keine Ahnung
von Deinem Leben habe.
Ja, da hast Du Recht.
Ich habe wirklich keine Ahnung
von Deinem Leben.
Ich weiß nichts von Dir.
Doch ich kenne die Aufgabe
mit der Schrift und das
ist für mich Anlass genug,
nicht länger zu schweigen.
Die Starken kommen so zurecht,
aber was ist mit den Schwachen,
die noch nicht so weit sind?
Hör bloß nicht auf die,

die dir sagen,
es ist zu schwer,
um es zu schaffen.
Wenn Du daran glaubst,
ist so eine Äußerung Gift.
Es sind Stolpersteine auf dem Weg.

Hör bloß nicht auf die,
die Dir sagen:
Es ist zu schwer,
um es zu schaffen.

Sicherlich

Vielleicht meinen diese Menschen es nicht böse.
Wollen Euch vor Enttäuschungen schützen.
Das Ergebnis ist: Du kommst nicht weiter.
Bleibst auf der Strecke.

Aber eines Tages wirst Du
einen neuen Versuch
riskieren.
Der Anfang ist voller Hürden,
die den Weg versperren.
Es geht mühsam
oder gar nicht vorwärts.
Da hilft nur eins: weitermachen.
Dem eigenen Denken folgen.
Niemandem das Recht einräumen,
über Dich zu bestimmen.
Je mehr wir erkennen,
umso lebenswerter
wird unser Leben.

Versuch es!

Wenn Du Tag und Nacht in Gedanken
die schlimmsten Kämpfe führst.
Wenn mal wieder Blitz und Donner
durch Dein Leben ziehen.
Wenn alle anderen sagen:
Das wirst Du niemals schaffen.
Wirst Du es besser wissen,
weil Du wie besessen
weiter schuftest.
Und Deinen Plan
verfolgst.

Totentanz

Die Geschichte in meinem Kopf
ließ sich nicht schreiben.
Sie weigerte sich, auf Papier zu erscheinen.
Ich erschuf die schönsten Welten in meiner Fantasie
und erlebte die größten Abenteuer, die es gibt.
Aber das weiße Blatt Papier
verschlang die Buchstaben
wie ein böses Tier.
Bevor ich sie aufschrieb,
mussten sie sterben,
sie weigerten sich,
auf dem Papier zu erscheinen.
Die Buchstaben tanzten
vor meinen Augen ihren Totentanz
und flüsterten mir zu:
Wer nichts weiß,
muss alles
glauben.

Mühsam

Es war, als ob die Buchstaben
nicht gemeinsam als ein Wort
erscheinen wollten.

Die einzelnen Buchstaben
sah ich nicht.
Die Aufmerksamkeit
verabschiedete sich.

Oft merkte ich nicht,
dass ich sie gleich zweimal
in verschiedenen Variationen
hintereinander schrieb.
Als aufgewecktes kreatives Kind
war ich für die Schrift blind.
Ich wurde bei allem, was mit Schreiben zu tun hat,
als Erwachsene von Panik ergriffen und verfolgt.
Mir brach der kalte Schweiß aus und ich hoffte,
dass die Pein endlich bald ein Ende hat
oder das sich der Boden unter meinen Füßen
auftut, um mich für immer zu verschlucken.

Die Schwierigkeit mit der Schrift
zog sich wie Kaugummi durch mein Leben.
Sie haftete wie Dreck am Schuh an mir
und ließ sich nicht abschütteln.

6. Meilenstein

Abenteuer Leben

Auch wenn Du nur ein bisschen
schreiben kannst,
kannst Du Dich
selbst weiterbringen.
Entdecke Deine Träume!

Durch die wiederentdeckte
Fähigkeit zum Träumen
verbessert sich Dein Leben.

Hör auf, Dich ständig
selbst zu zerfleischen.
Finde heraus, was Du willst.
Suche nicht Deine Mängel,
sondern Deinen Traum.

Träume sind wie Leitsterne.
Wenn wir sie aus Angst
aus den Augen verlieren,
hören wir nicht auf zu leben.
Aber weil wir nicht wissen,
wo wir sind,
schubst uns
das Leben
hin und
her.

Wenn wir das Leben
einfach ertragen,
beginnen langsam,
unsere Gefühle
zu sterben.

Stillstand ist der Tod
aller Dinge.
Wir müssen ständig
an der Zukunft basteln,
um lebendig zu bleiben.

Diese Herausforderung
hält mich beweglich
und gibt Kraft.
So fühle
ich mich
frei.

Winzige Fortschritte

Der Unmut trieb mich gnadenlos an.
Ich fing immer wieder von vorne an.
So kam die Liebe zu schwarzen Zeichen
auf weißem Papier kekskrümelweise zu mir.
Ich roch die Worte, die ich abschrieb.
Und schmeckte die Fröhlichkeit,
die dadurch in mir aufstieg.
Mit winzigen Fortschritten
begann mein abenteuerlicher,
individueller Bildungsweg.

7. Die Herausforderung

Menschenfeind

Diese Zeit war mehr
als Gelderwerb.
Diese Zeit war schön.
Ich lernte viel
über Menschen.

Von dem Menschenfeind,
der ich einmal war,
blieb nichts übrig.
Denn die Menschen
sagten mir:
Sie schätzen
mich.

Trübsinnige

Mir stand die Unzufriedenheit
ins Gesicht geschrieben.
Fremde Menschen sprachen mich
auf der Straße an und sagten,
ich solle doch mal lächeln.
Stumm ging ich an ihnen vorüber
und dachte: Hätten die meine Probleme,
würden sie nicht so dämliche Sachen sagen.

Insgeheim wusste ich:
Die trübsinnigen Stunden
werden sich vermehren,
wenn ich nichts ändere,
ändert sich nichts.
Sie sind der Samen
für ein trauriges
Leben.

Gedankenpyramide

Der Gedanke, dass mit mir
etwas nicht stimmt, schrumpfte.
Meine Gedankenpyramide bekam die ersten Risse.
Aber bis die Pyramide endgültig zusammenfiel,
zogen die Jahre dahin.

Das Gefühl,
nicht schreiben
zu können,
verschwand.
Der Gedanke daran
löste sich unmerklich auf.
Die vergangenen Jahre
verwandelten mich zur Kriegerin.
Ich kämpfte gegen die Wörter.
Gegen die Wörter,
die sich immer noch nicht
schreiben lassen wollten.
Oft hatte ich keine Lust,
aber ich hatte das Gefühl,
dass ich den Kampf
für mich
gewinnen musste.

So lange

So lange war ich unterwegs.
Es blieb nichts anderes übrig
als die Auseinandersetzung
mit den Wörtern.

Ich verdrängte die Vergangenheit
aus meinem Kopf.
Versuchte die Zweifel,
die mich noch plagten,
nicht zu beachten.

Und ich konzentrierte meine Energie
auf das, was ich machen wollte.
Ich nahm mir Zeit,
um an den Dingen
zu arbeiten,
die ich liebte.
Lösche drei Sätze
aus Deinem Wortschatz.
Das verändert Dein Leben.

„Ich kann nicht."
„Das ist zu schwer."
„Ich habe keine Lust."

Diese Worte sind gewalttätig
und rauben Deinem Gehirn
die Gelegenheit
zur Problemlösung.
Sie wirken zerstörerisch.
Bücher veränderten mich
und, weil ich es zuließ,
mein Leben.

8. Es prägte mich

Ausreden

Hast Du die eigenen Ausreden satt?
Dann nimm die Herausforderung des Lebens an.
Lass die Meinung der anderen hinter Dir.
Lösche die Gedanken des Nicht-Könnens aus.

Gehe den abenteuerlichen Weg des Lernens.
Auch wenn Deine Träume
noch winzig wie Sandkörner
im Wüstensand sind,
wirst Du ihnen auf die Spur kommen.
Lass sie dick und prall werden.
Lass sie in Erfüllung gehen.

Arbeite jeden Tag und auch
in schlaflosen Nächten
an Deinen Plänen.
So bekommst Du
immer mehr das Gefühl,
dass Du es schaffst.
Das gibt Dir Hoffnung
weiterzukommen.

Aber Deine geschriebenen Sätze
sind vielleicht wie zerhackt.
Doch glaub bloß nicht,
dass es für immer so bleibt.
Nichts bleibt für immer,
alles ändert sich.

Die Buchstaben zeigen
Dir nur ein neues
Gesicht.
Nichts muss
so bleiben,
wie es ist.

Ein Weg

Such Dir einen Weg,
der Dein Weg sein kann.
Lerne im Heute zu leben.

Spürst Du, wie die Zukunft Dich treibt?
Nimm Dir eins Deiner Probleme,
guck es Dir von allen Seiten an.

Nicht alle Sorgen und Nöte sind dramatisch,
oft steckt eine Lernaufgabe darin.
Es kann sein, dass Du Einzelheiten daraus
verwenden kannst.
Für die anderen sogenannten Probleme gib Dir Zeit.
Der Zeitpunkt wird kommen, um sie zu lösen.
Einige verschwinden von selbst auf Nimmerwiedersehen.
Wenn Du innerlich kräftig genug bist,
wirst Du die Feuerglut in Dir spüren.
Dann kommst Du durch Dein Handeln weiter.

Aber wenn Du noch nicht soweit bist,
versuche nicht einfach nur stark zu sein,
sondern such Dir etwas, das Du magst.
Eine Aufgabe, die Du auch lösen kannst.

Das, was Du gerne tust,
treibt Dich zum Handeln an.
Es ist Deine innere Stärke.
Du kannst sie erwecken.
Sie wartet darauf.

Jeder ist

Jeder ist, was er ist.
Daran gibt es keinen Zweifel.
Folge Deinem eigenen Weg,
denke Deine eigenen Gedanken.
Die Menschen haben keine Ahnung von Dir.

Manchmal wissen sie selber nicht,
wer sie sind
und suchen im anderen Fehler.
Um sich besser zu fühlen,
sagen sie Dir,
was Du
tun sollst.

Lache ihnen, wenn nötig, ins Gesicht
oder stolziere gleichgültig vorüber.
Für Teufel in Menschengestalt
ist das die schlimmste Strafe.
Sie spüren, dass sie ihren Einfluss
über Dich verloren haben.

Sie werden mit allen Mitteln versuchen,
ihren Einfluss über Dich wiederzubekommen.
Hör nicht auf viele. Setz Dir Ziele.
Erwarte nichts. Vertraue auf Dich.

Ja zum Leben

Sag ja zum Leben,
nein zur Angst.
Fordere von Dir und selten von anderen.
Glaub an Dich selbst,
denn nur Du weißt, ob Du ehrlich bist, oder nicht.

Stelle Dir Aufgaben
und erfülle sie täglich.
Nur so wirst Du es schaffen
und kommst vom Dunkeln ins Licht.

Schatten der Angst

Meine Aufgaben erledigte ich
im Schatten der Angst.
Keiner hörte mich.
Ich war unsichtbar.
Ich hatte etwas zu verbergen,
darum ging ich durch die Hintertür.
Ich wollte nicht gesehen werden.
Doch insgeheim sehnte ich mich danach,
bemerkt zu werden.
Ich wollte mich zeigen,
sagen: Hier bin ich!
Seht, was ich kann!
Die Angst erkannt zu werden, deckelte mich.
Der Glaube, dass ich nicht gut genug bin,
fesselte mich. Ich fand den Anfang nicht.
Ich wusste, ich muss an mir arbeiten,
doch wie sollte ich das tun?
Ich war eine sogenannte funktionale Analphabetin.
Der Schriftsprache nicht mächtig
und verdächtigt,
eine Idiotin
zu sein.

9. Du Mensch

Maskenträger

Immer noch kommt mir der Gedanke, ein Maskenträger zu sein.
Wenn er wieder verschwindet, frage ich mich:
Weshalb ich mich mit meinem Schreibproblem nicht zeige
und bewege diese Frage tagelang in mir.
Dann taucht die Frage auf,
ob ich eine Schachfigur
im Spiel des Lebens bin,
und nur zögernd
sage ich mir,
dass man
von mir
nicht
wissen
soll.

Die Spirale
der Erinnerung
hat es mir
gesagt.

Die Antwort ist: Ja,
ich war eine Schachfigur.
Man setzte mich und ich funktionierte.
Manchmal frage ich mich, worum geht's hier überhaupt?
Und dann fühle ich mich isoliert in meiner eigenen Haut.
Ich spüre, ich bin noch nicht soweit.
Ich fürchte, mich lächerlich zu machen
und nicht mehr respektiert und geschätzt zu werden.

Es war ein frostiges Spiel, das ich selbst erfand

Es war die Angst. Darum lebte ich
diesen Teil meines Lebens
und das Gefühl
im Verborgenen.

Ich war eine Schachfigur.
Man setzte mich.
Ich funktionierte.
Es ging ums
Überleben.

Ich sagte nichts.
Meine Worte waren
erfroren im
eiskalten
Leben.

Ich erledigte auch
die Aufgaben der anderen mit.
Ich wusste, sie spüren die Lüge
und lächeln mir auch noch ins Gesicht.

Ich saß wie auf glühenden Kohlen.
Es brannte in mir.
Alle sahen, dass mit mir
etwas nicht stimmt.
Doch mir ging's
nur ums Überleben.
Ich ließ es zu, benutzt zu werden.
Alles ließ mich kalt.

Sie benutzten meine Arbeitskraft.
Ich erledigte Teile ihrer Arbeit.
Sie sagten: „Du machst das schön"
und gingen.

Meine Worte waren ertrunken.
Ich fühlte mich schuldig,
sprach zögernd
und sehr wenig
und sonst
war ich
stumm.

Die Spirale der Erinnerung sagt

Dieses Verhalten
kommt aus der Kindheit.
Niemand durfte
davon erfahren.
Was sollten die Nachbarn
oder Verwandten sagen?

Hoffnung

Nichts ging verloren:
Der Zorn und die Angst nicht,
auch nicht der Schmerz,
der mich niederdrückt.

Aber auch
kein Traum,
kein Wunsch.
Die Hoffnung
verlor ich nie.

Du neuer Mensch

Du weißt, dass nichts verloren geht.
Es lebt für immer und alle Zeiten in Dir.
Das ist Dein Wohlstand. Du kannst wohl stehen.
Du hast die Kraft, denn Du hast es geschafft.

Die Angst löste sich.
Verwandelte sich in Mut.
Deine Unsichtbarkeit wurde sichtbar.
Jetzt bist Du viel mehr als zuvor
und kannst Dich zeigen.

Der ungeschlafene Schlaf

Was hast Du schon zu verlieren?
Außer hundsmiserable Laune,
die Zeit vor der Glotze
und minderwertige Nahrung.
Nachts schleichen
die Selbstzweifel
durch Deinen ungeschlafenen Schlaf.

Sie kriechen
durch Deine Träume
und stehen am nächsten Morgen
als Sieger neben Dir auf.

Sie haben sich in Deinem Gesicht eingeschrieben
und begleiten Dich durch den Tag.
Sobald der Tag sein Licht verliert,
führst du zweifelnde Selbstgespräche.

Aber das sind Gedankenkonserven.
Sie kehren solange zurück
bis wir sie umwandeln und verdauen.

Danach werden sie unser Denken
nicht mehr behindern
und nicht mehr
krank machen.
An ihre Stelle tritt
ein Zukunftsglaube.

So verändern sich
die kühlen, schlaflosen Nächte.
Behagliche Ansichten schweben
wie fröhliche Gespenster
durch unsere Träume.

Und dann können wir
ganz klar erkennen,
dass alles um uns
herum eine Einladung
zum Wachsen ist.

Früher war ich wenig
hoffnungsvoll und
erwartete kaum etwas
vom Leben.

Je länger ich auf dem Weg war,
umso mehr sind meine
Erwartungen gewachsen.

Darum glaube ich jetzt
an eine Zukunft
und sogar
an Glück.

Und ich weiß,
dass ich es
schaffen
werde.

Die Zweifel sagten

Grenzen sind gut.
Sie schützen Dich
und sind schön bequem.
Geh das Risiko nicht ein!
Das Buch ist es nicht wert.
Es war eine Zerreißprobe.
Die Selbstzweifel hielten an.
Sie kamen immer wieder.
Doch dann konnte ich nicht mehr
auf sie hören.
Ich musste aus dem
Teufelskreis
raus.

10. Beharrlichkeit

Wie

Erkenntnisse sind wie Wellenkreise.
Wie sie ein Kieselstein,
der ins Wasser fällt,
um sich herumzieht.
Sie bleiben nur einen Augenblick
und lösen sich
anschließend
wieder auf.

Es bleibt
nur die
Ahnung
zurück:
Da war
doch
was.

Veränderung

Wenn Dir nicht gefällt,
was in Deinem Leben geschieht,
versuche zu handeln.
Manchmal hilft es,
ein Wort, das ständig
in Deinem Kopf kreist,
zu ersetzen.
Tausche
„Ich kann nicht"
durch die Worte
„Ich werde es versuchen" aus.
Ich habe es probiert, das ging,
aber nicht von heute auf morgen.

Das war richtig Arbeit,
aber eine Arbeit,
die sich gelohnt hat.

Ich habe Gedankenmuster ausgetauscht.
Das hat bei mir etwas in Bewegung gebracht.

Nichts bleibt ohne Wirkung.
Alles braucht einen Anlass.
Nichts ändert sich,
außer wir ändern uns.

Wir können uns auf den Weg machen.
Aber vielleicht müssen wir den Weg
erst gehen, um zu verstehen,
dass es unser Weg ist.

Bis ans Ende

Ich sprach, aber keiner hörte mich.
Die Lehrer lachten mir ins Angesicht.
Und dann wendeten sie ihr Gesicht
mit einem seltsamen
Blick von mir ab.

Weil ich im Laufe der Jahre den Schwur
aus der Kindheit ablegte,
hatte ich die Pflicht,
bis ans Ende meiner Tage zu lernen,
vom Leben angenommen.

Die Aufgabe

Ich sah eine Frau,
die an der Tafel stand
mit einem Stück Kreide in der Hand.
Sie schrieb ganz gelassen Wörter
auf die große grüne Wandtafel.
Das nahm mir meine Angst,
denn ich sah, auch andere
nehmen ihre Aufgaben mutig selbst
in die Hand.

Den Hemmschuh ablegen

Vernichte den Gedanken und das Gefühl
„Ich kann das nicht" sofort,
wenn du ihn in Dir hörst.
Nichts ist schlimmer,
als zu sagen:
„Ich kann nicht."

Denn dabei bedauerst Du Dich selbst.
Du brauchst kein Mitleid.
Weder von Dir noch von anderen.
Du brauchst Ecken und auch Kanten
und bekommst sicher viele blaue Flecken
auf Deinem Weg durchs Leben.

Aber Du wirst sehen:
Das wird wunderschön.
Denn die blauen Flecken
werden vergehen.
Irgendwann, Du wirst es sehen,
wird Deine neue Welt
vor Dir stehen.
Nichts wird mehr sein,
wie es mal war.
Lass uns den Weg
gemeinsam gehen!

Und irgendwann
werden wir sehen,
wie unsere neue Welt
dann vor uns steht.

Möglich

Wenn Du weiterkommen willst,
brauchst Du vor allem
den Willen zum Sieg.
All jenen, die sich vom Leben
betrogen fühlen,
möchte ich sagen:

Es ist möglich zu gewinnen,
es ist möglich zu verlieren.
Es ist möglich und nötig,
immer wieder von vorne
anzufangen.

Das kostet Zeit, Mühe
und Durchhaltekraft.
Und auch den einen
oder anderen Euro.

Wenn Du jetzt sagst:
„Das kann ich nicht,
ich bin zu schlecht."
Dann frage ich Dich,
„Was heißt denn schlecht?"

Auf jeden Fall
bedeutet das nicht,
dass es so bleiben muss.
Ungünstige Vorbedingungen
sagen nichts
über Intelligenz aus.

Die Zeit

Die Zeit vergeht.
Ich kann euch sagen:
Die Blätter fallen nicht nur
im Herbst.
Die Politiker sagen:
Es geht aufwärts.

Die Fernsehwerbung verspricht:
Durch den Kauf von Markenprodukten
geht es uns besser.

Sie sprechen
von neuen Diäten und
von elektrischen Zigaretten.
In den Zeitschriften lesen wir kaum was Gutes.
Es ist schwer, nicht davon beeindruckt zu sein.
Überall gibt es Meinungsmacher,
die verhindern, dass wir unserem eigenen Denken folgen.
Sie sagen uns, was und wie wir denken sollen.

Gelähmt

Nimm nicht die Angst.
Angst macht ohnmächtig.
Angst macht krank.
Wer Angst hat,
wird immer
versagen.
Weil die Angst
die Kräfte
bannt
und
den Willen
lähmt.

11. Von Gewinnern lernen

Vergiss nicht

Es ist, wie es ist.
Beschönige nichts,
Verfluche nichts.
Es ist, wie es ist.
Lass es für diese Zeit sein.

Du hast geschrieben.
Das ist gut.
Nur das ist wichtig.
Alles andere
kommt noch.
Es ist Dein Abenteuer!
Sei stolz darauf.

So kannst Du
alles lernen.
Sei mutig!

Du darfst

Dich selbst
anerkennen und loben.
Nur Dumme sagen:
„Eigenlob stinkt."

Gelehrte

Wir brauchen Geduld,
um weiterzukommen.
Oft sind die Wege lang
und einsam.
Das ist
kein Grund,
um aufzugeben.
Die Aussagen
der Gelehrten,
die uns als bildungsfern
und bildungsarm bezeichnen,
dürfen keinen Raum mehr in uns haben.

Wir müssen uns das
Grundrecht auf Bildung
zurückholen.
Wenn wir danach suchen,
werden wir eine Lücke
im Bildungsnetz
aufspüren.

Die Frage ist nur: Wie?
Niemand wird uns freiwillig eine Chance geben.
Der eine oder andere kann sie sich
im Spiel des Lebens erarbeiten
und verdienen.
Wenn wir auf dem Weg sind,
werden sich erneut Wege auftun,
die vielleicht in diese Richtung führen.

Grelle Blitze

Wenn Du das Gefühl hast,
dass Du den Weg des Lernens
gehen musst:

Mach Dich auf den Weg.
Schau nicht zurück,
auch wenn Deine Zweifel Dir sagen:
Das kannst Du nicht.

Oft genug wirst Du in der Ecke kauern
und schwarze Wolken werden Dich unerbittlich niederdrücken.
Früher oder später durchziehen grelle Blitze die Finsternis
und bringen Dich aus Deinem trübsinnigen Zustand raus.

Dann bist Du ein Stück weitergekommen,
etwas in Dir hat sich verwandelt.

Zeig, was ist

Wenn wir zeigen wollen,
was in uns steckt,
müssen wir auf Gedanken
des Nichts-Könnens
verzichten.

Das fällt nicht immer leicht.
Früher haben einige Menschen
uns eingeredet, dass wir
nichts können und nie etwas erreichen werden.
Wir glaubten daran,
weil wir noch Kinder waren.

Einige Erwachsene haben uns mit ihren Aussagen
geknebelt und in Fesseln gelegt.
Wir verstummten und bewegten keinen
fröhlichen Gedanken
in unserer kindlichen Welt
hin und her.

Sie gaben uns zu verstehen,
dass mit uns etwas nicht stimmt.
Dass wir höchst sonderbar
und bedauernswert sind.
Sie schauten zu uns,
um ihre Unzulänglichkeit nicht zu sehen.

Dann legten sie uns
ihre eigenen Eisenketten an,
und glaubten, sich damit
von ihren Zweifeln, Ängsten
und ihrer Schuld zu befreien.

Was sie nicht wussten:
Sie werden dadurch
ihre eigenen Gefangenen
bleiben.

Sie schauen überall hin,
nur nicht zu sich
und können
die Angelegenheiten,
mit denen sie gefesselt sind,
nicht sehen.

Die Frage ist

Wie kommen wir an aufbauende Gedanken?
Die Antwort darauf ist:
Wir können uns selbst überzeugen.
Erlebnisse schaffen, die uns zeigen,
dass wir es schaffen können.

Ich glaube, es ist gut, wachsam zu sein.
Wir müssen die Aufgaben,
die unser Denken fesseln wollen,
schnell erkennen,
um sie zu lösen.
Nichts soll mehr übrigbleiben
außer die gewünschten Ergebnisse.
Wir wissen ja, es bleibt nicht
bei einem Problem.
Es kommen ständig neue hinzu
und alle wollen einmal zerlegt,
bearbeitet und von neuem angesehen werden,
damit sie sich auflösen können.

Ich selbst mache das,
so gut ich kann,
seit Jahren.

Will nichts
mehr in
mir tragen,
das mein
Denken stört.
So komme
ich schnell
an Lösungen,
die mich
ins Handeln
führen.

12. Opferdasein

Für alle Zeiten gesprochen

Worte sind wie verlorene
Federn eines Vogels.
Wenn sie unseren Mund verlassen,
werden sie fortgetragen.
Keiner kann sie zurückzuholen.

Sie sind für immer gesprochen
und bleiben nicht
ohne Wirkung.
Sie wirken
in der Tiefe
nach.

Worte sind wie Samen
der Pusteblume.
Nutze sie.

Sie beginnen, im Untergrund
zu wirken, und brechen den Asphalt auf,
um ans Sonnenlicht zu kommen.
Je nachdem,
welche Worte Du wählst,
ziehen sie Dich
ins Dunkel
oder
ans Licht.
Samen der Blumen geben
ihre Schönheit und Kraft preis.

Schöne Worte beflügeln uns
und sind Nahrung für die Seele,
für die Zukunft
und helfen uns,
unseren Weg
zu gehen.

Mein Wille

Mein Wille hat mich getrieben.
Ich war jahrzehntelang unterwegs.
Viele Wege haben sich hinter mir geschlossen
und ich bin auf meinem individuellen Lebensweg gelandet.

Um die Schrift zu besiegen,
habe ich Grenzen überschritten,
Menschen getroffen,
doch zu wenig Worte gesprochen.
Der Hunger nach Freiheit,
nach Begegnungen mit
Worten und Inspiration
trieb mich immer weiter.
Dieses Getriebensein war für mich
wie ein Zeichen der Zeit.

Morgen

Wenn wir auf Morgen vertrauen
und im Heute nichts tun,
werden wir eines Tages
vor unserem eigenen
Trümmerhaufen stehen.

Morgen sagen wir uns,
ich erledige es morgen.
Wir erzählen uns,
wie schwer und
schrecklich alles ist.
Wenn wir nichts tun,
werden wir eines Tages
vor unserem eigenen
Trümmerhaufen stehen.

Doch dann
ist es zu spät.
Dann werden wir
ständig vor unseren
verlorenen Hoffnungen
und Plänen stehen
und täglich leiden.

Nicht schreiben zu können,
war mein bitteres Geheimnis.
Viele Jahre habe ich mich dafür geschämt.
Mit keiner Menschenseele darüber gesprochen.

Sein Glückes Schmied sein

Als die Hoffnungslosigkeit dunkel und tief war,
lauerte ein Buch auf dem Wühltisch auf mich.
Es war wie ein Rettungsanker, den ich ergriff.
Ich bezahlte drei Mark für dieses Buch,
das ich mein erstes Lehrbuch nenne.
Es verwandelte mein Leben.

Vor Jahrzehnten ging ich diesen Weg des Lernens.
Ich sage nicht, dass er leicht war.
Er war für mich auch nicht kostenlos.
Und wenn jetzt einer sagt,
dass ich es durch Glück erreicht habe,
dann sagt er das nur,
weil er meine Stationen der Verzweiflung
und die jahrelange Wegstrecke
des Lernens nicht kennt.

Meine weiteren Lernjahre
kosteten viel.

Ich bin froh,
dass ich für mein Geld Wissen bekam.
Für mich ist die Fähigkeiten zu lernen
mehr wert als Geld.
Denn ich trage
die Erkenntnisse
für immer in mir.
Wer lernt, ist sein Glückes Schmied.
So ändert sich das Leben.

Spielregel meines Lebens

An sich arbeiten.
Niemals aufgeben.
Mit Beharrlichkeit
lernen
bis zum
Teilerfolg.
Und dann
einen neuen Weg
erkunden, sich freuen,
losgehen.
Und erneut
das Lernen
beginnen.

Niemals aufgeben,
beharrlich sein.
Den Weg erkunden
und diesen Weg
dann auch gehen.

Um den Weg zu verstehen,
und nicht einfach nur zu gehen,
brauchte ich Durchhaltekraft,
die wie Feuer im Inneren wirkt.
Das Feuer steckt andere an
und trotzdem muss ich wieder
von neuem anfangen.
So lautet die Spielregel
meines Lebens, die ich befolgte.

Sie gibt mir Halt.
Sie gibt mir Sicherheit.
Das ist mein Gerüst,
an dem ich hoch- und
runterklettere.

Einige mögen sagen:
„Das ist aber anstrengend!"
Ja, das ist es!
Aber ein anderes
Leben möchte
ich nicht.

Unterwegs legte ich
Verschnaufpausen ein.
Sie zogen sich
lange hin.
Und dann
beginne ich
wieder von vorne.

Ohne einen Traum

hangelte ich mich
mit erschreckend trübem Blick
durch bodenlose Schluchten,
die die Schulzeit in mir schuf.
Ich rannte immer wieder
über Stock und über Stein.
Ich ging so lange bis die alten
Geschichten im Meer der Unendlichkeit
fortschwammen.
Bis ich das Licht erblickte
und dann meinen Traum im Kleinformat fand.
Nun gehe ich ständig durch die Tiefen,
durch die Schluchten in mir selbst.
Längst schon sind sie hell erleuchtet,
farbenfroh und ausgeschmückt.
Nun erst fang ich an zu träumen
und lebe meinen Traum.

Schweigend gehe ich,
wenn das Lächeln
meines Traums
mich umarmt.

Jetzt erst
fange ich an, in der Stille
ordentlich zu träumen.

Ich liebe
meinen Traum
und jedes einzelne
geschriebene Wort.

Mein Wunschtraum,
Schreiben zu können,
wurde Wirklichkeit.
Ich lebe ihn
zu jeder
Zeit.

Er prägte mein Denken.
Er prägte mein Handeln.
Er zeigte mir den Weg.
Er leitete mein Denken.
Er führte mich an

Tonschwingung

Gedanken sind Worte
ohne Tonschwingung.
Sie bewegen uns und
wirken durch unsere Augen
nach außen.
Ich spüre, wenn die Zeit gekommen ist,
um an alten Einstellungen zu arbeiten.
Die Worte, die ich zu mir spreche,
setzen etwas in Bewegung.
Früher hatte ich die Empfindung
in einem Leben zu stecken,
das nicht meins ist.

Das setzte einen Mechanismus in mir frei,
der mich lange Zeit mein Inneres durchstöbern ließ.
Ich wollte mich verändern, wollte nicht sein, wie ich war.
Ich wollte lachen und unbeschwert leben,
aber das Leben
wollte von mir
noch viel mehr.

Wenn ich
mein Denken
ändern kann,
ändert sich mein Leben.

13. Gesucht und gefunden

Wandel

Nichts bleibt, wie es ist.
Alles ist dem Wandel unterworfen.
Wenn wir etwas ändern,
ändert sich auch
das Leben um
uns herum.
Es wird nichts
so bleiben,
wie es ist.

Ich habe meine Wege verlassen,
um neue zu gehen, und bin angekommen.

Unbeschwert

Wandere auf Deinem Weg.
Lerne, lache, tanze, singe,
suche und träume.
Schreibe, rede, kämpfe, ringe
und lausche in Dich hinein.

Du stößt an Grenzen.
Na und? Das muss so sein.

Wir hungern nach Freiheit,
nach Möglichkeiten,
Begegnung mit Worten
und Inspiration.

Schöpfe das Leben aus!
Du hast es in der Hand
und baust Brücken immerzu.
Über kurz oder lang
fühlst Du Dich
vom Wandeln
verwandelt.

Aber

Aber es hat nie einen Wert
über Dinge zu reden,
wenn es keine Aussicht
auf Taten gibt.
Komm schnell ins Handeln.

Auch wenn

Erkenntnisse,
auch wenn sie klein sind,
müssen umgesetzt werden.
Oft sind das die größten Wissenskrümel,
die sich nur als klein getarnt haben.
Wer nur redet, wird nichts schaffen.

14. Tunnelblick

Uralt

Willst Du, wenn Du uralt bist, sagen:
„Ich habe das Schreiben nicht gelernt,
die Lehrer waren immer doof zu mir."

Vielleicht spürst Du, wenn Du das sagst,
dass Du Deine Aufgabe nicht gelöst hast
und den Sinn Deines Lebens nicht gefunden hast.

Zwischen Leben und Sterben liegt Deine Aufgabe
und sag jetzt bloß nicht, dass Du keine hast.

Was ist mit Deinen Gefühlen? Die sind oft schlecht
und Du glaubst, nicht weiterzukommen,
denn die Zeit fließt ungenutzt dahin.
Du kommst nicht hinterher. Das Leben zerrinnt
wie der Sand am Strand,
der grade noch
in Deinen
Händen
war.

Sackgasse

Oft greifen wir auf alte Denkmodelle,
in die wir früher reingepresst wurden, zurück.
Wir führen negative Selbstgespräche.
Und merken gar nicht, dass wir in eine Sackgasse
reingeraten sind.

Jeder Gedanke wird vom vorhergegangenen aufgenommen,
weiter vertieft und ausgeschmückt.
So entstehen Sackgassenketten.
Die uns auch in der Nacht
nicht zur Ruhe kommen
lassen.

Der böse Zauber

Es ändert nicht
die peinlichen
Erinnerungen,
nicht die Beschämung,
die uns erröten ließ,
und auch nicht die Verzweiflung,
an der Tafel zu stehen.
Es ändert nicht die Überforderung
oder den Hass gegen die Schulschrift.

Und sicher auch nicht das Gefühl,
ein Außenseiter zu sein.

Die Schrift

Die Schrift schien
von Kindheit an,
von einem bösen Zauber
befallen zu sein.

Die Worte tanzen
auf den Seiten
hin und her
und lösen sich
vor den Augen auf.

Ich bin zum Glück
kein Kind mehr
und kann mich
aus diesem trübsinnigen
Zustand befreien.

15. Den Teufelskreis verlassen

Tropfen der Fröhlichkeit

Geh Deinen Weg.
Such Deinen Traum.
Reise durch die blaue Nacht
bis zum Morgengrauen.

Flieg zu den Sternen
und schau die Welt von oben an.

Neue Perspektiven erfüllen Deinen Tag.
Geh diesen Weg tagein und tagaus.
Hindernisse vergehen. Mach das Beste daraus.
Dieser Weg macht Dich stark an Zuversicht und Mut.
Es liegt an Dir. Pack es an! Nimm Dein Schicksal fest
in die eigene Hand. Die Sekunden Deiner Wahrheit treiben
Dich zum Handeln und helfen Dir durch die schlaflose
Nacht.

Wenn Du nicht durch die blaue Nacht
bis zum Morgengrauen fliegen kannst,
such in Deiner Welt die Tropfen der Fröhlichkeit
und lass Dich ganz davon erfüllen.

Such Deine Träume!

Du wirst sie finden.
So kommt ein Tropfen zum andern
und bald stehst Du in einem Meer
voller Hoffnung und Fröhlichkeit.

16. Such Dir Deinen Weg

Wenn Gläser und Teller zerspringen

Weil Worte nicht einfach nur Worte sind,
bauen sie auf oder reißen ein.
Sie können mächtige Werkzeuge sein,
im Guten wie im Schlechten.

Wenn Gläser und Teller zerspringen,
wir uns mit unseren Worten zerfetzen,
wird es Zeit, darüber zu sprechen,
um die Wellen der Worte
zu beruhigen.

Wenn Worte keinen Austausch finden,
weil der Empfänger so tut,
als höre er sie nicht,
hat er die Macht
der Worte erkannt.

Sie wirken im Sprecher nach.
Es bleibt das Grundgefühl,
geringgeschätzt zu werden.
Das erfüllt die Seele
mit Bitterkeit
und bringt
Traurigkeit.

Eingefrorene Worte

Kommen selten unter die Leute.
Vielleicht wollte sie keiner hören.
Der Nichtsprechende nicht sagen.
Der Zeitpunkt war falsch.
Zu viel Worte im Umlauf.

Oder war es die Befürchtung,
nicht richtig zu sein?

Noch vor kurzer Zeit
trug ich einen Haufen
unausgesprochener Worte
mit mir herum.
Ich hatte Angst,
erkannt zu werden.
Und zog es vor,
sie nicht
auszusprechen.
Wenn ich sprach,
hörte mich niemand.
Die Worte kehrten
ungehört
zu mir
zurück.

„Schätzt mich
denn niemand?
Will mich keiner
anhören?",
fragte ich mich.
Das Glück gehört zu werden,
kam im Minutentakt.
Der Rest war
Wartezeit.

17. Wissenskrümel

Worum geht es denn

Ich sitze und hasse die Stille
um mich herum
und frage mich:
Worum geht es
im Leben
eigentlich?

Ganz leise lausche ich
meinen übriggeblieben Gedanken,
und frage mich: Worum geht es mir eigentlich?
Geht es um die mutlosen, endlosen Tage
oder um meine Selbstgespräche
in schlaflosen Nächten?

Sie murren und knurren
und sagen mir,
was ich nicht
hören will.

Sie erzählen von früher,
von der Zukunft und vom Jetzt
und nehmen mich in eine Zeit mit,
in der ich niemals war.

Danach treiben sie mich
in die tiefsten Tiefen
meiner Seele.
Und ins
unendliche
Gedankenmeer.

Sie plappern von meinen Hoffnungen
und Träumen, die sich nicht erfüllten.

Oder von den Wünschen,
die ich nie zu träumen
wagte.

Aber worum
geht es denn wirklich?
Es geht darum,
nicht aufzugeben,
niemals aufzugeben.

Die neue Welt

Wenn ich durch meine Gedanken ziehe,
erschaffe ich neue Welten.
Mir ist egal, ob um mich herum
der größte Trubel herrscht.
Ich werde ihn aus meiner Nähe weisen.

So hole ich mir die Farben und Düfte rein,
die ich für meine Träume brauche.
Ich lasse Tage und Nächte vergehen
und versuche, einfach zu glauben,
dass das, was ich tue, schon richtig ist
und höre nicht auf andere Gestalten.

Wenn meine Träume
mich zum Handeln zwingen,
erschaffe ich neue Welten.

Erinnerungsträger

Was ist das Geheimnis
in diesem Leben?
Wer kann mir das sagen?
Wen kann ich das fragen?
Warum kann ich es nicht erkennen?
Und wenn es eine Antwort gibt,
ist sie immer da, wo ich nicht bin.

Denken in altbekannten Richtungen
hält mich im Kreis gefangen.
Es gibt scheinbar kein Entrinnen.

Wenn ich bereit bin,
werde ich es spüren
und drüber sprechen.

Aber bis dahin
liegt die Vergangenheit
geschützt in mir.

Sie ist vergangen
und nicht dazu da
wieder und wieder
aufgewühlt zu werden.

Sie wartet darauf, durch Erkenntnisse
ans Tageslicht zu kommen.
Die verschiedenen Aufgaben
meldeten sich, wenn es Zeit
zur Bearbeitung ist.
Weil ich auf dem Weg war,
erledigten sich einige von selbst.

Die alte Kammer

Die alte Kammer,
die früher
mit Aufgaben gefüllt war,
ist heute leer.

Es gibt nichts mehr,
was ans Tageslicht will.
Ich bin diese Wege gegangen,
habe alle offenen Kreise geschlossen.
Mein Ziel ist zurzeit nur noch das Schreiben.

Als die Aufgabe des Schreibens
aus der Kammer der unerledigten Fälle sprang,
war ich kämpferisch.
Habe Höhen und Tiefen durchlitten.
Es zehrte an meiner Lebenskraft.
Heute bin ich gelassener
und fühle mich frei.

Zweifel

Die Zweifel hatten Unrecht:
Die Mauern sind zusammengefallen.
Die Menschen, die mich kennen,
respektieren mich mehr
als vorher.

Für mich ist das Freiheit.
Frei vom Zwang
der Heimlichtuerei.

Die Selbstzweifel sagten:
Das ist ja lachhaft!
Willst du wirklich ein Buch schreiben?
Das kannst du nicht, du machst so viele Fehler.

So ein Buch wird keiner lesen!
Du tickst nicht richtig!
Das schaffst Du nie!

Wenn Du es veröffentlichst,
werden alle erfahren,
was mit Dir
los ist!

Dein Arbeitgeber,
Deine Kollegen,
Deine Kinder.

Alle werden erfahren,
dass Du Schwierigkeiten
mit der Schrift hast.

Dann wirst du dich schämen,
Deinen Job aufgeben,
und das alles nur
für so ein blödes Buch!

Die Zweifel sagten
Grenzen sind gut.
Sie schützen Dich
und sind schön bequem.
Geh das Risiko nicht ein!
Das Buch ist es nicht wert.
Es war eine Zerreißprobe.
Die Selbstzweifel hielten an.
Sie kamen immer wieder.
Doch dann konnte ich nicht mehr
auf sie hören.
Ich musste aus dem
Teufelskreis
raus.

Danksagung

Die Arbeit an diesem Buch war wie eine Berg- und Talfahrt. Ich musste lange Zeit eine Menge Stolpersteine aus dem Weg räumen. Manchmal war es nötig, von außen angestoßen zu werden. Viele Menschen haben mir bewusst oder auch unbewusst bei diesem Buch geholfen.

Vor allem danke ich meinen Kindern Waqar und Yasmin. Wenn sie nicht so wären, wie sie sind, hätte ich den Weg des Schreibens nie gehen können. Sie stehen in allen Lebenslagen ganz fest zu mir und glauben an mich.

Vor vielen Jahren begann ich, schreiben zu lernen. Damals trat Almut Schladebach vom Grundbildungszentrum Hamburg in mein Leben und ermutigte mich. Sie bemerkte mein Talent zum Schreiben und sagte es auch. Und dafür bin ich täglich dankbar.

Meinem Kollegen Hans D. Hinderer danke ich, dass er mich auf freundliche Art und Weise nach der Erscheinung meines ersten Buches „Im Labyrinth der Buchstaben" ansprach und sagte: „Ich habe dich ja schon lange nicht mehr gesehen, das letzte Mal in der Zeitung." Er nahm mir damit meine Befürchtung, von den Menschen in meiner Umgebung verachtet und verlacht zu werden.

Ich danke Beatrix Konnen und Tim-Thilo Fellmer von ganzem Herzen für den unermüdlichen Einsatz und ihre kritisch konstruktive Hilfe. Sie haben mich durch das Buchprojekt begleitet, ohne ihr Zutun wäre das Buch so, wie es jetzt ist, nicht erschienen.

Danke an alle.

Zu guter Letzt

Wenn Du möchtest,
erzähl mir von Deinem Weg.

Berichte von Deinen Erfolgen,
von den Hindernissen
und Stolpersteinen
auf Deinem Weg
und von dem,
was Dich zu Fall gebracht hat,
und was Dich wieder aufstehen ließ.

Ich freue mich, von Dir zu hören.

Info@und-jetzt.online

SPENDEN-AUFRUF:

In Deutschland gibt es inzwischen zwölf Selbsthilfegruppen, darunter auch den ersten eingetragenen Verein, SALuMa e. V. in Ludwigshafen. Somit sind schon gute Grundlagen geschaffen, um eine selbstbestimmte, bundesweite Organisation in Form des „Alfa-Selbsthilfe Dachverbandes" aufzubauen. Da den Selbsthilfe-Akteuren bis heute leider kaum Unterstützung und öffentliche Gelder zur Verfügung gestellt werden, wird Ihre Hilfe benötigt. Spenden Sie bitte und geben Sie den Lerner-Experten damit eine Chance für ihr selbstbestimmtes Mitwirken im Thema.

Spendenkonto: SALuMa e. V.

Selbsthilfegruppe Analphabeten Ludwigshafen-Mannheim e. V.

DE88 5455 0010 0193 577 442.

Sparkasse Vorderpfalz BIC: LUHSDE6AXXX

Stichwort: „Alfa-Selbsthilfe"

Mein erstes Buch ist im August 2015 im underDog Verlag herausgekommen.

Es geht darin um meinen unbeugsamen Willen, der den Körper beflügelt und ständig antreibt.

Um eine miserable Schulzeit, die voller Erniedrigungen war und darum, dass der Verstand, neue Wege suchen kann und die Schwierigkeiten, als Möglichkeiten zum Lernen und Entwickeln annimmt.

Ich spürte, was in mir drinnen steckt, obwohl ich ein sogenannter funktionaler Analphabet war.

Ich möchte der Welt vermitteln, dass wir, obwohl wir in der Zwickmühle und ständig auf Kriegsfuß mit der Schriftsprache sind, nicht in eine Ecke als minderwertig abgestellt werden dürfen.

Dadurch, dass ich die Herausforderungen meines Lebens angenommen habe, hat sich mein erbärmliches Dasein zu einem Leben entwickelt, was lebenswert ist.

Ich bin auf meinem persönlichen Lebensweg angekommen.

Es ist auch als Hörbuch in der Norddeutschen Hörbücherei e. V. erschienen. Es kann dort von Menschen, die blind, seh- oder lesebehindert sind, ausgeliehen werden.

Weiter Informationen: www.norddeutsche-hoerbuecherei.de

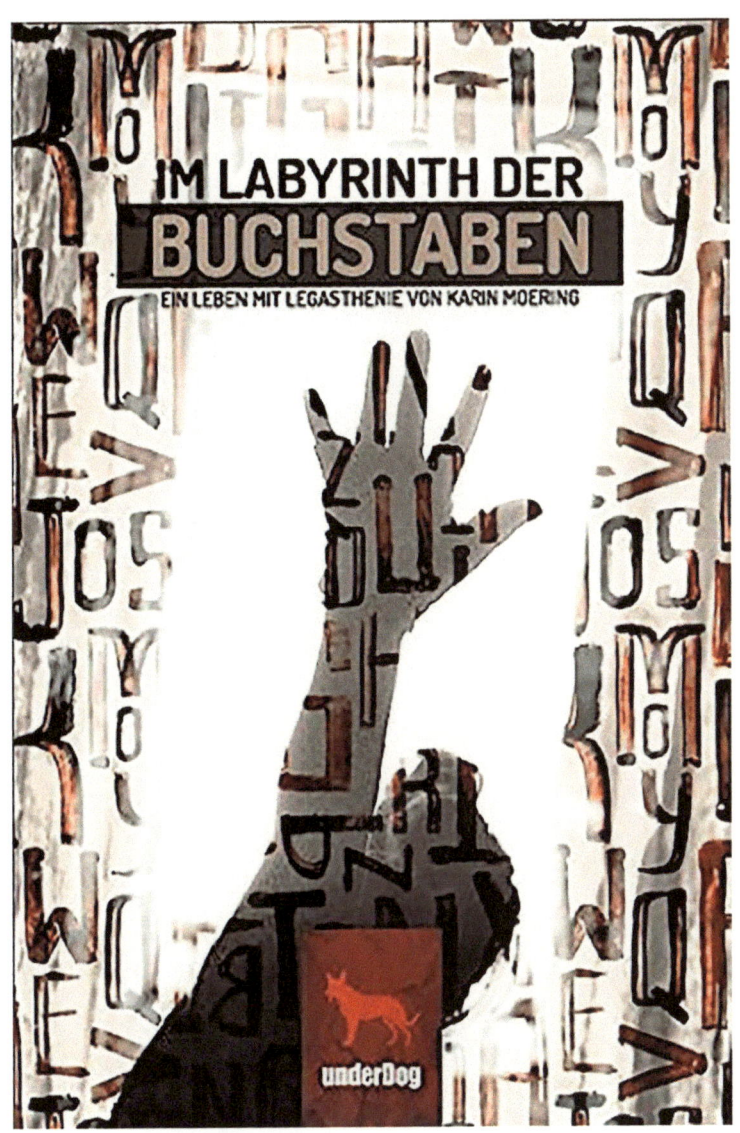